Théâtre de l'Opéra-Comique.

LA MAIN DE FER,
ou
UN MARIAGE SECRET,

OPÉRA-COMIQUE EN TROIS ACTES,

Par MM. Scribe et de Leuven,

MUSIQUE DE M. ADOLPHE ADAM,

Représenté pour la première fois, à Paris, sur le Théâtre de l'Opéra-Comique, le 26 Octobre 1841.

Prix : 60 Centimes.

PARIS,
BECK, ÉDITEUR,
Rue du Cimetière-Saint-André-des-Arcs, 13.

1841.

LA MAIN DE FER,

OU

UN MARIAGE SECRET,

OPÉRA-COMIQUE EN TROIS ACTES,

PAR MM. SCRIBE ET DE LEUVEN.

MUSIQUE DE M. ADOLPHE ADAM,

Représenté pour la première fois, à Paris, sur le théâtre de l'Opéra-Comique, le 26 octobre 1841.

Personnages.	Acteurs.
OEGIDIUS BUGISLAFF, médecin et ministre du duc Henri de Wolfenbuttel, régent de Hanovre.	M. RICQUIER.
DOROTHÉE, sa femme.	Mme CAPDEVILLE.
ÉRIC, prince héréditaire.	M. LAGET.
NATHANIEL, peintre coloriste d'images de sainteté.	M. MOCKER.
BERTHA, sa prétendue.	Mlle DESCOT.
JOB, frère quêteur au service de l'ermite de Sainte-Verrène.	M. SAINTE-FOY.
RIBEMBERG, barbier du grand-duc.	M. PALIANTI.
SEIGNEURS ET DAMES DE LA COUR. — HOMMES D'ARMES. — PAYSANS ET PAYSANNES.	

La scène se passe dans les principautés de Hanovre et d'Hildesheim, en 1480.

ACTE I.

Le théâtre représente une montagne sur les confins du Hanovre et de l'évêché d'Hildesheim. — A gauche, l'ermitage de Sainte-Verrène. — A droite et au fond, des sentiers escarpés par lesquels on y arrive. — Devant l'ermitage, la statue de la sainte, et, à la porte, une clochette.

SCÈNE I.

PAYSANS et PAYSANNES, à genoux devant la statue de la sainte.

INTRODUCTION.

CHOEUR.

Sainte que l'on révère,
Daigne entendre nos vœux !
Ton appui tutélaire
Peut seul nous rendre heureux.
Eloigne la misère
De nos riants coteaux,
Rends féconde la terre,
Et bénis nos travaux.

SCÈNE II.

LES MÊMES, OEGIDIUS, JOB, arrivant par le fond.

OEGIDIUS, à Job.

Allons, mon cher, allons, bien vite,
Fais-moi parler au sire ermite...

JOB, saluant avec respect.

A l'instant même, Monseigneur.

LES PAYSANS, se levant avec respect.

Un seigneur !
Un seigneur !

OEGIDIUS.

Quels sont tous ces gens-là ?

JOB.
Des maisons de la plaine
Qui viennent présenter leurs hommages pieux
A sainte Verrine,
Patronne de ces lieux.

ŒGIDIUS, aux paysans.
Priez donc, mes amis, pour qu'il calme la peine
De notre illustre maître, illustre et très puissant
Duc de Hanovre...

CHŒUR DES PAYSANS, avec joie.
Eh quoi! vraiment? il est souffrant!

ŒGIDIUS, gravement.
Ce bon prince est souffrant,
Et telle est sa loi souveraine :
Peine de mort à qui
Ne priera pas pour lui !

LES PAYSANS, tombant à genoux.
Prions, prions pour lui.
Que Dieu veille aujourd'hui
Sur ce prince chéri !

ŒGIDIUS, qui les a contemplés pendant quelques instants d'un air d'approbation, entre en ce moment avec Job dans l'ermitage à gauche, et les paysans, se voyant seuls, interrompent leur prière et se disent entre eux:

LES PAYSANS.
C'est un mauvais prince,
Un tyran maudit;
Par lui, la province
Et souffre et gémit !
Sans cesse il demande
L'argent du vassal.
Que le ciel lui rende
Le mal pour le mal !

QUELQUES PAYSANS, regardant du côté de l'ermitage.
On vient, je crois...

TOUS, se remettant à genoux avec crainte et chantant à tue-tête :
Que Dieu veille aujourd'hui
Sur ce prince chéri !
(Ils se retournent et regardent autour d'eux.)
Non... non... personne, Dieu merci!..
(Ils se relèvent.)
C'est un mauvais prince,
Un tyran maudit ;
Par lui, etc.

(Ils se retirent par le fond au moment où Job sort de l'ermitage.)

SCÈNE III.
JOB, seul.

J'ai laissé ce seigneur avec le saint anachorète... Je ne sais pas ce qu'ils ont à se dire... Mon maître m'a ordonné de m'en aller... Et je ne demanderais pas mieux ; car, depuis huit jours que je suis à son service, moi, ancien garçon de ferme, et, maintenant, garçon ermite, j'en ai déjà assez... Sonner la cloche, servir la messe, prier toujours... et ne dîner jamais... Ça ne peut pas durer comme ça !.. Ils me disaient tous, au village, que c'était un bon état que celui de saint ermite, qu'on n'y avait rien à faire qu'à s'engraisser... Et ça m'allait, parce que je suis paresseux et que je suis maigre !.. Mais le père Anselme, mon maître, qui est en odeur de sainteté, donne à tout le monde sa bénédiction gratis... il ne demande rien... et, dans leur reconnaissance, les paysans lui donnent juste ce qu'il demande... Aussi, quel ordinaire !.. Des racines... de l'eau claire, et des châtaignes le dimanche !.. Ça me réduit à rien... Ah ! si je pouvais entrer, pour me refaire, dans les cuisines de quelque grand seigneur ou de quelque bon bourgeois... pieux ou non... pourvu qu'ils dînent... Voilà tout ce que je leur demande... (Apercevant Œgidius.) Ah ! c'est le seigneur de tout à l'heure... Il est impossible que celui-là ne donne pas à l'offrande.

SCÈNE IV.
ŒGIDIUS, JOB.

ŒGIDIUS.
C'est fait de moi, je suis perdu ! Aucun moyen de faire entendre raison à cet obstiné père Anselme... Aussi, quelle idée de m'arracher à mes travaux et à mes livres... moi, le plus grand savant de l'Allemagne... moi, le docteur Œgidius Bugislaff... et m'ordonner de séduire... qui?.. un ermite... un pieux, un damné ermite... qui ne veut rien... ne demande rien... et ne craint rien... Séduisez donc un enragé pareil... J'y aurais perdu mon latin... (Se retournant vers Job, qui lui tend la main.) Qu'est-ce que tu me veux ?

JOB.
N'oubliez pas le jeune frère...

ŒGIDIUS.
Encore un frocard !..

JOB.
Je n'ai pas cet honneur... je ne suis encore que frère Job... frère coupe-choux... un apprenti ermite... et si vous vouliez me donner quelque chose... pour me soutenir dans ma vocation... quelques pièces d'or pour m'aider à faire vœu de pauvreté...

ŒGIDIUS, avec dédain.
De l'or ?.. Je te donnerai mieux que cela...

JOB.
Ça vous est permis.

ŒGIDIUS.
Un trésor plus grand, plus précieux !

JOB, tendant la main.
Est-il possible !.. Une si riche aumône !..

ŒGIDIUS.
Tu es laid, chétif et faible.

JOB, mettant la main sur son estomac.
Oh ! faible... au dernier degré.

ŒGIDIUS, gravement.
Félicite-toi, alors, de ton bonheur, et remercie le ciel... car je suis premier médecin de Son Altesse Henri de Wolfenbuttel, régent de Hanovre.

JOB, ôtant son chapeau.
Celui qu'on appelle la *Main de fer?*

ŒGIDIUS.

Précisément.

JOB.

A cause... qu'avec laquelle... il est censé avoir étranglé son frère aîné... et que, dès qu'il l'étend sur quelqu'un... la dite main... c'est comme qui dirait un homme mort... ce qui fait que tout le monde tremble...

ŒGIDIUS.

En bénissant son doux règne.

JOB.

Et en espérant que ça ne durera pas longtemps... car il a, dit-on, soixante et onze ans...

ŒGIDIUS.

Je m'en vante !.. car c'est moi qui le fais vivre... ce sont mes talens qui prolongent son existence...

JOB.

Un fameux service que vous rendez au pays... Et, alors, ce n'est pas lui... c'est vous qu'on devrait étrangler...

ŒGIDIUS, avec colère.

Frère Job !..

JOB.

Pour nous sauver la vie à tous...

ŒGIDIUS.

Veux-tu te taire !.. Il n'aurait qu'à leur donner cette idée-là... Puisque je promets de te la sauver sans cela... Donne-moi ta main... (Job la lui présente ouverte.) C'est inutile... ferme-la... Voici un pouls qui annonce un homme malade... Il nous faudra prendre la diète...

JOB.

Eh ! mordi !.. je ne prends que cela... car, avec ce maudit saint homme...

ŒGIDIUS, vivement.

Tu n'es donc pas son élève ?.. tu ne partages donc pas ses principes ?..

JOB.

Je ne connais pas ses principes... mais je connais sa cuisine, qui est déplorable... et dont vous voyez les désastreuses conséquences.

ŒGIDIUS.

Tu ne tiens donc pas à lui ?

JOB.

Je me donnerais, corps et âme, à celui qui me ferait connaître l'embonpoint.

ŒGIDIUS, avec joie, à part.

Eh ! mais.. voilà l'homme qu'il me faudrait... et en utilisant l'envie qu'il a de s'arrondir... (Haut.) Ce que tu demandes là n'est pas impossible.

JOB, avec espoir.

Vous croyez?

ŒGIDIUS, lentement.

Il y a dans la belle ville de Hanovre et au palais ducal, où j'habite, des repas délicats et splendides... On s'y attable tous les jours...

JOB.

Tous les jours?..

ŒGIDIUS.

Quatre fois au moins...

JOB.

Oh ! quatre fois béni ce paradis terrestre !

ŒGIDIUS.

Je puis t'y faire entrer.

JOB.

Partons...

ŒGIDIUS.

A condition que tu nous serviras...

JOB.

Parlez! Le plus tôt sera le mieux, car j'ai un appétit qui vous répond de ma fidélité.

ŒGIDIUS.

C'est la meilleure... celle de l'estomac... elle est bien plus sûre que toutes les autres... Ecoute donc... Cet ermitage... l'ermitage de Sainte-Verrène, est un lieu d'asile... un terrain neutre et indépendant, situé entre les duchés de Brunswick, de Hanovre et l'évêché d'Hildesheim, et sur lequel aucun seigneur n'a droit de juridiction. Sans cela... et sans la crainte d'armer contre lui la jalousie des princes ses voisins,.. le duc Henri aurait déjà étendu sa main de fer sur le père Anselme, qui ose le braver... et sur cet ermitage, qui n'en vaut pas la peine.

JOB.

Il a bien raison... il l'aurait avec tous ses revenus, qu'il n'en serait pas plus gras...

ŒGIDIUS.

Mais, aujourd'hui... redouble d'attention... aujourd'hui ou demain, on soupçonne qu'un beau jeune homme, appartenant à une noble famille du Hanovre, doit venir, en secret, se marier à cet ermitage... car nul autre que le père Anselme n'oserait, après les menaces que j'ai faites, bénir ce funeste mariage... Enfin, il s'agit de s'y opposer !.. Quelle est l'heure choisie ?.. quelle est la fiancée ?.. On l'ignore... mais, malgré le déguisement qu'ils prendront, sans doute, tu reconnaîtras facilement les coupables... à leur air distingué, et, quand ils viendront pour ce mariage clandestin, tu seras là...

JOB.

On ne peut pas se passer de moi... je suis seul pour servir la messe...

ŒGIDIUS.

A merveille !.. Tu tâcheras de les faire attendre, de les retarder... n'importe sous quel prétexte... et tu accourras m'avertir.

JOB.

Au palais ducal?

ŒGIDIUS.

Non pas !.. ce serait trop loin... mais au bas de la montagne, sur la route de Gottingue, à l'auberge du *Freiénoff*. Tu préviendras maître Seiffel, un sergent, et quelques hommes d'armes que j'y laisserai, et qui savent ce qu'ils ont à faire.

JOB.

Pas autre chose?

ŒGIDIUS.

Pas autre chose... et, maintenant, car je me suis perdu en venant... indique-moi le chemin le plus court pour regagner le *Freiénoff*.

JOB.

Vous y retournez donc?

ŒGIDIUS.

J'y serai jusqu'à ce soir... attendant ma femme, M*me* Dorothée, qui revient des eaux de Baden-Berg, où elle est, depuis six mois, pour ses vapeurs et sa migraine.

JOB.

De sorte que, si j'avais quelques bonnes nouvelles à vous annoncer, je vous trouverais encore...

OEGIDIUS.

Jusqu'au coucher du soleil... peut-être plus tard... s'il prend fantaisie à ma femme de se faire attendre... car on a beau être un savant, un conseiller, un favori du prince, et commander à tout le monde... quand on a épousé une femme jeune et jolie... on est à ses ordres... ce qui est un grand déconfort et déshonneur pour la science...

JOB, naïvement.

Comment cela?

OEGIDIUS.

Je n'ai pas le temps de te l'expliquer; il faut que je m'en aille, et, dès que tu m'auras indiqué...

JOB.

Du tout... Je vais vous reconduire, moi-même, par un petit sentier qui vous abrègera de moitié.

OEGIDIUS.

A la bonne heure!

JOB.

Et, en route, vous me direz quelle place vous me destinez au palais ducal... J'aimerais assez être dans les cuisines... ou dans l'office...

OEGIDIUS.

Je te garderai près de moi... ou plutôt près de ma femme... Ça peut m'être utile pour savoir... Enfin, partons...

JOB, lui montrant un sentier à gauche.

Par ici, Monseigneur...

(Ils sortent tous deux. On entend dans la coulisse, à droite, la ritournelle des couplets suivans.)

SCÈNE V.

BERTHA, seule.

PREMIER COUPLET.

Celui que j'aime,
Mon doux ami,
Las! ce soir même,
Sera parti!
Je suis une pauvre fille,
Orpheline et sans famille;
Mais on me trouve gentille...
Il m'avait donné son cœur.
Quand j'espérais jours de bonheur,
Quand je m'aimais avec ardeur,
Ah! ah! triste avenir!
Il va me fuir!
Celui que j'aime, etc.

DEUXIÈME COUPLET.

Douleur extrême!
Espoir trahi!
Lorsque l'on s'aime,
Partir ainsi!
Un beau songe, à mon jeune âge,
Promettait le mariage
Et le plus heureux ménage

Que l'amour ait embelli!
Mais, par malheur pour moi, pour lui,
Cet hymen est trop assorti!
Ah! ah! ah! il est sans bien,
Et je n'ai rien!
Douleur extrême!
Espoir trahi!
Lorsque l'on s'aime,
Partir ainsi!

SCÈNE VI.

BERTHA, NATHANIEL, avec un petit bissac au bout de son bâton.

BERTHA.

Eh bien! mon pauvre Nathaniel, te voilà donc?...

NATHANIEL, tristement.

Oui, j'y suis décidé; je pars pour mon tour d'Allemagne... Voilà une grande lieue de faite... et je me sens déjà fatigué...

BERTHA.

Ce n'est pas ton bagage qui te pèse.

NATHANIEL.

Dame! j'emporte avec moi, au bout de ce bâton, tout ce que je possède... ma palette, mes pinceaux, la fortune d'un peintre coloriste... Et je m'étais mis en route avec courage... mais l'idée de nous séparer... de ne plus te revoir...

BERTHA, essuyant une larme.

Ça brise le cœur!

NATHANIEL.

Et ça casse les jambes... Je n'en ai eu que pour gravir cette montagne... parce que tu m'avais dit hier soir: Demain, à l'ermitage de Sainte-Verrène... je t'attendrai pour te dire adieu! (S'asseyant.) Et, maintenant, il m'est impossible d'aller plus loin...

BERTHA, s'asseyant à côté de lui.

Ça n'est pas raisonnable... car, enfin, pauvres et orphelins tous les deux... si nous ne travaillons pas, nous ne pourrons jamais amasser de quoi nous marier...

NATHANIEL.

C'est vrai... mais si l'on pouvait travailler sans se quitter...

BERTHA.

Ça n'est pas possible... Si tu savais lire et écrire, le père Anselme, qui nous veut du bien, t'aurait placé chez les bénédictins d'ici près... (Regardant Nathaniel qui fouille dans son bissac.) Qu'est-ce que tu prends donc là?

NATHANIEL.

Rien... c'est du pain et des pommes... En veux-tu? (Mordant à même.) car, moi, je n'ai de cœur à rien... Le chagrin m'a ôté l'appétit...

BERTHA, sans lui répondre, mordant aussi dans une pomme.

Mais, au lieu de cela... tu es coloriste d'images de sainteté et broyeur de couleurs chez maître Ulrich, le peintre de la cour... ce qui ne te rapporte rien...

NATHANIEL.
Parce que mon maître refuse de m'employer comme élève!.. Et, moi, je sens là que j'aurais du talent, que je ferais des portraits comme un autre... J'ai déjà essayé... j'ai fait le tien...

BERTHA.
Qui était charmant.

NATHANIEL.
Je crois bien!.. Il était ressemblant... mais nul n'est prophète en son pays.

BERTHA.
Raison de plus pour voyager.

NATHANIEL.
Si tu pouvais voyager avec moi.

BERTHA, lui prenant la pomme qu'il tient à la main et mordant à même.
Est-ce que c'est décent et convenable?.. D'ailleurs, je ne te servirais à rien.

NATHANIEL.
C'est selon.

BERTHA.
Et à quoi?

NATHANIEL.
Dame!.. à dîner avec moi, comme à présent...

BERTHA.
Un joli repas... Tandis que, pendant ce temps, si j'entre en maison, si je gagne aussi de mon coté..., notre fortune ira plus vite... (Mangeant sa pomme.) Ah dame! j'en avais une toute faite... une fortune... et je n'aurais pas eu besoin de travailler... sans les révolutions... qui nous ont ruinés.

NATHANIEL.
Toi?.. Tu n'as jamais rien eu!

BERTHA.
Bah!.. J'avais une marraine... la jeune comtesse Mathilde... la nièce de notre dernier duc... Quoiqu'elle ne fût guère plus âgée que moi, elle m'avait prise en affection et gardée avec elle, parce que j'étais pauvre et orpheline; et, à dix ans, quand nous jouions ensemble... je me le rappelle encore... elle me disait: « Bertha, je te donnerai, un jour, une dot et un mari. »

NATHANIEL, vivement.
Ah! elle avait des vues sur moi?

BERTHA.
Elle ne te connaissait pas, ni moi non plus... mais elle t'aurait choisi, j'en suis sûre... puisque je t'aime. Par malheur, tout cela n'est plus qu'un rêve... notre bon vieux maître le duc Berthold a été étranglé par son méchant frère, le duc Henri, la Main de fer; ma pauvre marraine, que je n'ai pas revue depuis huit mois, est retenue prisonnière au palais, et l'on dit même que, ces jours-ci, elle va entrer religieuse dans un couvent...

NATHANIEL.
Encore une qui se mariera moins que nous.

BERTHA.
Tu vois donc bien qu'il y en a de plus à plaindre... et qu'il ne faut pas désespérer... (Lui faisant signe de partir.) Ainsi, mon pauvre Nathaniel... aussi bien le dîner est fini.

NATHANIEL.
Et le souper aussi... je n'avais que cela pour ma journée.

BERTHA.
Allons! il faut partir.

NATHANIEL.
Déjà?

BERTHA.
Viens demander la bénédiction du père Anselme... c'est lui qui m'a baptisée, qui m'a fait communier, et c'est lui qui nous mariera...

NATHANIEL.
Oui... mais quand?

BERTHA.
Il ne faut pas encore penser à cela... mais se hâter de partir pour revenir plus tôt... Allons, et ne pleure pas ainsi, car j'ai déjà assez de peine à me retenir... c'est toi qui es l'homme, tu dois avoir du cœur. (Elle sanglote.)

NATHANIEL, pleurant.
Je n'en ai plus!

BERTHA.
Embrasse-moi, cela t'en donnera... (Nathaniel l'embrasse.) En as-tu, maintenant?

NATHANIEL.
Pas encore assez.

(Il l'embrasse de nouveau.)

DUO

ENSEMBLE.

Adieu donc, mes seules amours!
Adieu, peut-être pour toujours!

BERTHA.
Non, non, et dans trois ans, j'espère,
Tu reviendras riche et content!

NATHANIEL.
Pour s'enrichir, tu crois, ma chère,
Qu'il faut trois ans?

BERTHA.
Eh! oui, vraiment...
C'est suffisant!

ENSEMBLE.

Espérance et courage,
Et soyons patiens!
Pour entrer en ménage,
Il suffit de trois ans!

BERTHA.
Ainsi donc, dans trois ans, à la grâce de Dieu!...

NATHANIEL, reprenant son bissac.
Nous reviendrons ici nous marier.

BERTHA.
Adieu!
Voilà la chose décidée...

NATHANIEL, se disposant à partir.
Bien décidée.

(Revenant.)
Pourtant il me vient une idée!

(Il dépose son bissac.)

BERTHA.
Et laquelle?

NATHANIEL.
Avons-nous bien besoin de trois ans?

BERTHA.
Au fait... pour s'enrichir, faut-il aussi long-temps?

NATHANIEL.
Il me semble à moi, soyons francs.

Que deux ans...
BERTHA.
C'est possible, deux ans.
NATHANIEL, gaîment.
Deux ans.
BERTHA, de même.
Deux ans.
NATHANIEL.
Sont suffisans !

ENSEMBLE.

Espérance et courage,
Et soyons patiens !
Pour entrer en ménage,
Il suffit de deux ans !
BERTHA, lui donnant son bissac.
Adieu donc, c'est bien convenu.
NATHANIEL, partant.
Oui, sans doute, c'est entendu !
(Revenant.)
Mais dis-moi donc...
BERTHA.
Eh bien ?
En conscience,
Crois-tu qu'il nous faudra deux ans ?
BERTHA, hésitant.
Eh mais, je crois
Que c'est beaucoup !
NATHANIEL.
Beaucoup trop, je le gage,
Et si l'on s'enrichit...
BERTHA.
En un an !
NATHANIEL.
En six mois !
Le tout est d'aller vite !
BERTHA.
On se marie alors en six mois...
NATHANIEL.
En trois mois.
(Jetant son bagage à terre.)
Pourquoi pas tout de suite ?
BERTHA, un peu effrayée.
Sur-le-champ !
NATHANIEL.
Sur-le-champ ! A quoi bon tant d'apprêts.
BERTHA.
Oui, le bonheur, d'abord !
NATHANIEL.
Et la fortune après !

ENSEMBLE.

Maintenant, il me semble,
Tant j'ai d'amour au cœur,
Que le malheur ensemble,
C'est presque du bonheur !
NATHANIEL.
Parlons au bon ermite.
BERTHA.
Il est de nos amis.
NATHANIEL.
Le saint homme, au plus vite...
BERTHA.
Nous mariera gratis.

NATHANIEL.
Tu le vois, chère amie...
BERTHA.
C'est une économie.
NATHANIEL.
Et notre doux lien...
BERTHA.
Ne nous coûtera rien.

ENSEMBLE.

Maintenant, il me semble,
Tant j'ai d'amour au cœur,
Que le malheur ensemble,
C'est presque du bonheur !

SCÈNE VII.

LES MÊMES, JOB, revenant par la gauche.

JOB.
Ah ! le bon seigneur... le riche seigneur ! quel dîner ! Ma fortune est sûre, si je lui rends service... (Apercevant Nathaniel et Bertha qui vont entrer dans l'ermitage.) Où allez-vous, vous autres ?
NATHANIEL.
Nous voulons parler à l'ermite.
BERTHA.
Sur-le-champ !
NATHANIEL.
Nous sommes pressés !...
JOB, vivement.
Est-ce pour un enterrement, un baptême, un mariage ?
NATHANIEL et BERTHA.
Pour un mariage.
JOB.
Un mariage !.. (A part, avec joie.) Oh ! quelle chance ! A leur tournure distinguée, je les ai reconnus tout de suite, ce sont nos jeunes gens... Mais, n'ayons pas l'air...
NATHANIEL, à Bertha.
Allons, viens, entrons...
JOB, se plaçant devant la porte de l'ermitage.
Entrons, entrons... On n'entre pas comme ça chez le saint homme !
BERTHA.
Oh ! je ne suis pas une étrangère pour lui.
JOB.
C'est possible... mais il est absent. Parlez-moi, c'est absolument la même chose... je suis son suppléant.
BERTHA.
Depuis quand ? je ne vous connais pas.
JOB.
Depuis huit jours. (Soupirant.) Huit longs jours... Vous dites donc que vous voulez vous marier ?
BERTHA, vivement.
A l'instant même !
JOB.
C'est très bien... Mais avez-vous tout ce qu'il faut pour cela ?..

NATHANIEL.
Dame ! je crois que oui...
JOB.
Vos papiers ?..
NATHANIEL.
A quoi bon ?
JOB.
Le consentement de votre mère ?..
NATHANIEL, tristement.
Je n'en ai plus.
JOB.
De votre père ?
NATHANIEL.
Je ne l'ai jamais connu.
BERTHA.
Nous sommes orphelins tous les deux.
NATHANIEL.
Dénués de famille...
BERTHA, voulant entrer.
Ainsi...
JOB, les arrêtant.
Ainsi, il faut un certificat qui prouve que vous êtes libres de disposer de vous.
BERTHA.
C'est vrai, nous n'y avions pas pensé.
NATHANIEL.
Comment, pour s'aimer ?..
BERTHA.
Il faut des certificats.
NATHANIEL.
Je croyais que ça allait tout seul, et ce que vous me demandez là...
JOB.
Le bourgmestre de votre endroit vous le donnera sans qu'il vous en coûte une obole... Vous reviendrez dans la soirée.
NATHANIEL.
Si tard ?
JOB
Le père Anselme ne pourra pas être revenu plus tôt.
BERTHA.
Va donc vite... mais cependant...
JOB.
Mais... mais vous aurez beau dire et beau faire, pas avant.
BERTHA.
Allons, il faut bien en passer par là.
NATHANIEL.
Je m'en vas chercher cette maudite paperasse...
BERTHA.
Et moi, en attendant, j'entre dans la chapelle, faire ma prière à sainte Verrène.
JOB.
C'est ça.
NATHANIEL, à Bertha.
A bientôt.
BERTHA.
Au revoir !
JOB.
Ce soir, vous serez unis et bénis... comptez là-dessus...

(Nathaniel s'éloigne par le fond. Bertha sort par la gauche.)

SCÈNE VIII.

JOB, seul, se frottant les mains.

(La nuit vient par degrés pendant cette scène.)

Ça va bien... ça va bien !.. Je n'attendrai pas long-temps la fortune... la voilà qui vient me trouver, elle me devait ça; le seigneur doit être encore à l'auberge du *Freienoff*... Vite, vite, courons l'avertir... De la venaison au lieu de châtaignes, du vin de Hocheim au lieu d'eau claire... décidément, voilà la vie qui me convient. (Apercevant Éric qui entre.) Encore une visite, ça donne aujourd'hui... quelque fils de fermier... Maintenant que je suis en affaires avec des grands seigneurs, ne nous compromettons plus avec des gens de rien... Courons prévenir sa seigneurie.

(Il sort par le fond.)

SCÈNE IX.

ÉRIC, seul et simplement vêtu.

FINAL.

RÉCITATIF.

Ah ! de celle qui m'est si chère,
Qu'un ange protecteur guide vers moi les pas !
Qu'un surveillant sévère
Ne nous surprenne pas !
Car, dans sa cruelle vengeance,
Un tyran furieux sacrifierait nos jours,
Que cet hymen secret, trompant son espérance,
Légitime enfin nos amours !

AIR.

De mon enfance, ô tendre amie !
Mathilde, accours auprès de moi.
J'ai, grâce à toi, souffert la vie.
Ah ! pour toujours reçois ma foi,
Quand le malheur nous environne,
Quand nous menace le danger,
Ah ! que l'hymen au moins me donne
 Le droit de te protéger !

De mon enfance, ô ma tendre amie ! etc.

SCÈNE X.

(Nuit complète.)

ÉRIC, BERTHA, entrant par la gauche.

BERTHA.
Le ciel nous bénira, je pense,
J'ai prié bien long-temps...
ÉRIC.
Pour moi, quelle douce espérance !
Chère Mathilde, je t'attends...
Surtout, de la prudence !

ENSEMBLE.
O nuit charmante,

Nuit de bonheur !
Je sens d'attente,
Battre mon cœur.
BERTHA.
Je meurs, hélas ! d'impatience,
Il tarde bien à revenir.
ÉRIC.
Je tremble !.. Pourquoi cette absence ?..
Qui peut, hélas ! la retenir ?

(A ce moment, Bertha se dirige à tâtons du côté où est Éric.)

ENSEMBLE.

ÉRIC.
Je crois l'entendre,
Espoir flatteur
Qui vient me rendre
Le bonheur !
ÉRIC, à voix basse.
Es-tu là ?..
BERTHA.
Je suis là !
ÉRIC.
Me voilà !
BERTHA.
Te voilà !
ÉRIC.
Oui, c'est moi...
Mais tais-toi,
Et reçoi
Ce gage de ma foi.
(Il lui passe un anneau au doigt.)
BERTHA.
L'anneau du mariage !
ÉRIC.
C'est le prix d'un baiser,
Qu'on ne peut refuser...

(Il l'embrasse. En cet instant, la lune, dégagée des nuages, éclaire un peu la scène.)

ÉRIC, repoussant Bertha.
Mais, qu'ai-je vu !.. ce n'est pas elle !..
BERTHA, stupéfaite.
Mon Nathaniel !.. ce n'est pas lui !..
ÉRIC.
Pardon, pardon, Mademoiselle...
Je m'abusais...
BERTHA.
Vraiment aussi,
Je vous prenais pour un ami
Qui va devenir mon mari...
La nuit, à tort on se hasarde,
Voyez comme il faut prendre garde...
Sans la lune qui brille au ciel...
(A part.)
J'en tremble encor pour Nathaniel !..
(Éric regardant vers le fond à droite.)
Mais que vois-je là-bas ?
Des soldats, des soldats !..
BERTHA, courant à lui.
Pourquoi l'effroi qui vous agite ?
ÉRIC, à part.
Sans doute, on surveillait nos pas...

Mathilde !.. Courons au plus vite...
Ah ! qu'en ces lieux elle ne vienne pas...
Tâchons d'éviter leur poursuite.
(Fausse sortie.)
BERTHA, le rappelant.
Seigneur ! Seigneur !
ÉRIC, revenant.
Que voulez-vous ?
BERTHA, baissant les yeux.
De ce qui s'est passé cette nuit entre nous
Ne dites rien, ne dites rien, de grace...
ÉRIC, sans l'écouter et dans le plus grand trouble.
Ah ! du péril qui la menace,
Tâchons de détourner les coups !

(Il sort vivement par le fond à droite, et se rencontre avec Œgidius qui arrive.)

SCENE XI.

BERTHA, ŒGIDIUS, HOMMES D'ARMES, avec des torches.

ŒGIDIUS, désignant le côté par où est sorti Éric.
C'est lui !.. c'est bien lui !.. Sa complice...
(Montrant Bertha, qui paraît très effrayée.)
La voilà !
Contre elle il faut que je sévisse...
A l'instant interrogeons-la.
(A Bertha, durement.)
En ces lieux que venez-vous faire ?..
Approchez !..
BERTHA, d'une voix tremblante.
Mon Dieu !.. que j'ai peur !..
Monseigneur !..
ŒGIDIUS.
Allons, allons, point de mystère !..
A l'instant répondez ! ou craignez ma rigueur...
Cette nuit, à cet ermitage,
Vous veniez...
BERTHA, tremblante.
Pour un mariage...
ŒGIDIUS.
Et cet hymen...
BERTHA.
Sera conclu,
Tout à l'heure...
ŒGIDIUS, à part.
Rien n'est perdu !..
Pour déjouer pareille trame,
Ah ! grace au ciel, j'arrive bien !..
(Aux soldats.)
Emparez-vous de cette femme !..
BERTHA.
De moi ! de moi !..
ŒGIDIUS, se radoucissant.
Ne craignez rien...
BERTHA, se débattant au milieu des soldats.
Mon futur qui va revenir...
L'ermite qui doit nous unir...
Ah ! laissez-moi... mon Dieu ! mon Dieu !..
Je ne peux pas quitter ce lieu !

CRÉPITES ET LES SOLDATS.
Allons, point de résistance,
Car ce serait une offense !
Vite, il le faut, suivez-nous
Ou craignez notre courroux ?

(A cet instant la voix de Nathaniel se fait entendre dans le lointain ; il appelle :)

Bertha ! Bertha !

BERTHA, se débattant.

Cette voix !.. Ah ! c'est lui !.. c'est lui !..
Laissez-moi revoir mon ami !..

REPRISE.

Allons, point de résistance !
Car ce serait une offense !..
Vite, il le faut, suivez-nous,
Ou craignez notre courroux !

(Ils entraînent Bertha par la droite. Nathaniel paraît au fond.)

SCÈNE XII.

NATHANIEL, seul, arrivant très gaîment.

Pour notre mariage
J'ai tout ce qu'il me faut,
Et le bonheur, je gage,
Nous sourira bientôt.

(Appelant.)

Bertha ! Bertha ! Bertha !
Eh quoi ! tu n'es pas là ?..
De nous marier voici l'heure...
Dans un instant elle viendra...
Bertha ! Bertha ! chère Bertha !..
Ce soir, ce soir, dans sa demeure
Un tendre époux t'emmènera...
Mais, je le sens, malgré moi, ma paupière
Veut se fermer et céder au sommeil...
O ma Bertha, ta présence si chère
Va m'apporter le bonheur au réveil...
Bertha ! Bertha !
Bientôt elle viendra !..

(Il s'est assis sur un banc de pierre et il s'endort en répétant le motif du duo.)

Maintenant, il me semble,
Tant j'ai d'amour au cœur,
Que le malheur, ensemble,
C'est presque du bonheur !

(Le rideau baisse.)

FIN DU PREMIER ACTE.

ACTE II.

Le théâtre représente une salle gothique dans le palais ducal de Hanovre. — Une galerie au fond. — A gauche, sur le second plan, l'entrée d'une chapelle, et à droite les appartemens du gouverneur. — Sur le premier plan, à gauche, une toilette ; à droite, une table et ce qu'il faut pour écrire.

SCÈNE I.

DOROTHÉE, assise devant sa toilette, se levant.

RÉCITATIF.

A quoi bon la toilette ? A quoi sert d'être belle ?
Me voici de retour en ce sombre palais,
Où s'écoule une vie uniforme et cruelle,
Que les joyeux plaisirs n'embellissent jamais.

AIR.

Que l'hymen est terrible,
Et qu'il offre d'ennui
Avec un cœur sensible
Et près d'un vieux mari !
Je fais ma seule étude
De ses doctes avis !
Mais, dans la solitude,
Hélas ! je le maudis !
Et je me dis :
Que l'hymen est terrible,
Et qu'il offre d'ennui,
Avec un cœur sensible
Et près d'un vieux mari.

CAVATINE.

Coquetterie
Par qui la vie
Est embellie,
Eloignez-vous !
Il faut me faire
Prude et sévère,
Afin de plaire
A mon époux !

(A demi-voix, et s'avançant sur le bord du théâtre.)

Et si le hasard vous présente
Un jeune homme aimable et galant,
Comme ce jeune étudiant,
Albert, qui me trouve charmante,
Albert, qui pour moi, sans espoir,
En secret dès long-temps soupire,
Il faut ne rien apercevoir ;
Froide et sévère, il faut lui dire :
Passez votre chemin, beau sire,
Je n'écoute que mon devoir !

Coquetterie,
Par qui la vie, etc., etc.

(Elle se remet à sa toilette et s'occupe de sa coiffure pendant que, derrière elle, Œgidius et Job sortent de l'appartement à droite.)

SCÈNE II.

DOROTHÉE, ŒGIDIUS, JOB.

ŒGIDIUS, à Job.

Je tiendrai ma promesse... Tu seras panetier ou échanson, à ton choix...

JOB.

Manger ou boire... Ça m'est indifférent... Les deux, si vous voulez... J'ai une égale capacité pour les deux fonctions...

ŒGIDIUS, à demi-voix.

Soit... Tu les rempliras en apparence...

JOB, se récriant.

Comment! en apparence...

ŒGIDIUS, de même.

Oui... parce qu'en secret... Je t'en destine une autre... surveillant officiel de tout ce qui se passe au palais... Mais il faut, avant tout, que je te présente à ma femme...

DOROTHÉE.

Qu'est-ce? Qu'y a-t-il?

ŒGIDIUS.

Un nouveau commensal du palais... Je l'ai retenu pour notre service.

DOROTHÉE, le regardant.

Et vous avez bien fait... Il est très bien, ce jeune homme... Un air de bêtise et de béatitude.

ŒGIDIUS, bas, à Job.

Tu lui plais.

DOROTHÉE.

Je le prends pour mon coureur.

ŒGIDIUS.

Remercie...

JOB, saluant.

Mais, Madame...

DOROTHÉE, à Œgidius.

Par exemple, il faudra veiller à ce que sa taille reste la même.

JOB.

Moi qui, au contraire...

DOROTHÉE.

Car, s'il engraisse, je le chasse!

JOB.

Mais...

DOROTHÉE.

C'est bien, cela suffit... va-t'en.

JOB, à part.

Autant retourner à l'ermitage!

(Il sort.)

SCÈNE III.

DOROTHÉE, ŒGIDIUS.

DOROTHÉE.

Eh bien! Monsieur, que s'est-il passé pendant mes six mois d'absence?..

ŒGIDIUS.

Six mois qui m'ont paru un siècle!

DOROTHÉE.

Comment va votre auguste malade, qui est toujours à l'extrémité et qui ne meurt jamais?.. c'est bien la peine d'avoir trois médecins!

ŒGIDIUS, avec effroi.

Imprudente!.. si l'on vous entendait...

DOROTHÉE.

J'espère que vous allez me présenter à son altesse.

ŒGIDIUS.

Je m'en garderai bien... excepté nous, ses médecins, et maître Ribemberg, son barbier, personne n'est admis en sa présence...

DOROTHÉE.

Et pourquoi?

ŒGIDIUS, à voix basse.

Il ne veut pas qu'on s'aperçoive de son changement et de sa fin prochaine...

DOROTHÉE.

Il est ici?

ŒGIDIUS.

Eh non!.. Il s'est persuadé que l'air de la campagne lui ferait du bien, et il s'est établi, depuis quinze jours, dans sa résidence d'été... à trois lieues d'ici... avec mes deux collègues.

DOROTHÉE.

Ce qui vous laisse liberté entière.

ŒGIDIUS.

Liberté qui m'enchaîne... car c'est moi qui dirige tout en son absence; c'est moi qui suis responsable si ça va mal... et ça m'inquiète beaucoup.

DOROTHÉE.

Laissez donc! médecin et ministre, vous êtes enchanté, car vous avez de l'ambition!.. Mais, moi, qui n'en ai pas, je prévois que, grâce à la maladie de notre souverain, je vais ici périr d'ennui... autant valait rester à Badenberg, à la porte de Gottingue... Il y a là, au moins, des bals, des fêtes... des jeunes étudians qui valsent à merveille... le comte Albert...

ŒGIDIUS.

Comment, Madame, le comte Albert...

DOROTHÉE.

L'université valse très bien... tandis qu'ici des gens immobiles, qui ne savent ni vivre... ni mourir...

ŒGIDIUS, effrayé.

Voulez-vous bien vous taire!

DOROTHÉE.

Pas le plus petit spectacle... pas la moindre cérémonie.

ŒGIDIUS.

Vous allez en avoir une superbe...

DOROTHÉE, vivement.

Vraiment!

ŒGIDIUS.

Le prince Éric... le neveu de notre maître, va demain, avec grande pompe, dans la cathédrale de Saint-Œgidius, et aux yeux de toute la ville, entrer dans les ordres religieux.

DOROTHÉE.

Lui! le fils du dernier souverain... l'héritier direct des duchés de Brunswick et de Hanovre!

ŒGIDIUS.

Il le veut ainsi... c'est une vocation ardente et décidée.

DOROTHÉE, souriant.

Allons donc!

OEGIDIUS, *gravement.*
Aucun moyen de l'en détourner...
DOROTHÉE.
Je m'en charge, si vous voulez... et c'est déjà bien avancé.
OEGIDIUS, *avec effroi.*
Qu'osez-vous dire ?
DOROTHÉE.
Eh! oui, Messieurs... Vous autres docteurs n'y entendez rien ; mais moi, qui, avant mon départ, le voyais tous les jours, ce pauvre petit prince, renfermé au palais où vous l'éleviez... car vous étiez son gouverneur... Et Dieu sait quels principes vous lui donniez... éducation mystique qui le menait tout droit à s'ensevelir dans un cloître... Moi, pour le sauver, pour contre-balancer vos fatales doctrines...
OEGIDIUS, *avec effroi.*
Eh bien?
DOROTHÉE, *souriant.*
Eh bien...

PREMIER COUPLET.

A ses yeux, j'offrais sans cesse,
Et le monde et ses plaisirs,
Vers leur pompe enchanteresse,
Je tournais tous ses désirs!
Et je sais qu'il préfère,
Grace à mes doctes avis,
Les délices de la terre,
A celles du paradis !
Car pour former aux galantes manières
Un petit abbé,
En mes mains tombé,
Et, pour qu'il veuille, arborant nos bannières
Et changeant sa foi,
Suivre notre loi,
Comptez sur moi.
Mais, pour en faire un ennuyeux ermite,
Qui prie, hélas! et qui toujours récite
Des *oremus* et des *alleluias*...
Non, non, non, sur moi ne comptez pas.

DEUXIÈME COUPLET.

Des dames, à plus d'un titre,
Je lui parlais avant tout !
Et je crois, pour ce chapitre,
Qu'il aurait beaucoup de goût !
Oui, les femmes, qu'il admire,
Que par moi seule il connaît,
Lui semblent, j'ose le dire,
Le trésor le plus parfait.
Car pour former un galant gentilhomme,
Le rendre élégant,
Et surtout constant,
Et pour qu'il soit, aussitôt qu'on le nomme,
Des amours le roi,
Des maris l'effroi,
Comptez sur moi.
Mais pour en faire un saint anachorète,
Qui, nuit et jour, psalmodie et répète,
Des *oremus* et des *alleluias*...
Non, non, non, sur moi ne comptez pas.

Eh bien! qu'avez-vous donc?.. comme vous êtes agité... comme vous voilà rouge...

OEGIDIUS.
J'étouffe de colère... c'est donc vous qui en secret avez miné, détruit, renversé tous mes projets?..
DOROTHÉE.
Est-ce que je savais?..
OEGIDIUS.
Oui, Madame, oui... il y va de notre avenir, de notre fortune, de ma tête, peut-être...
DOROTHÉE.
Eh bien! ça vous apprendra! pourquoi ne me rien confier, et transformer tout en secrets d'état. Je suis capable de continuer, et de faire encore quelque bonne action que vous appellerez une gaucherie...
OEGIDIUS.
Gardez-vous en bien!..
DOROTHÉE.
Cela dépend de vous.
OEGIDIUS.
Eh bien, Madame, je vais alors vous confier un secret...
DOROTHÉE, *avec joie.*
Un secret...
OEGIDIUS, *après s'être assuré qu'ils sont bien seuls.*
Apprenez donc que notre dernier souverain, le duc Berthold, qui est mort de... (*hésitant.*) d'un mal de gorge... (*Vivement.*) On a dit autre chose, mais ce n'est pas vrai... Enfin, il est mort, laissant pour toute famille le prince Éric, son fils, qui avait douze ans... une fille de sa sœur, la jeune Mathilde, sa nièce, qui en avait dix... et lui donnant pour tuteur son autre frère, le très haut, très puissant Henri de Wolfenbuttel, qui vu son aptitude et sa fermeté à tenir les rênes de l'état, a été surnommé...
DOROTHÉE.
La Main de fer.
OEGIDIUS.
Nom glorieux qu'il doit à l'amour de son peuple, ainsi que la régence qui lui revenait de droit pendant la minorité de son neveu... Mais moi, qui observais souvent notre nouveau maître... en qualité de son premier médecin... il m'était facile de voir que son humeur et sa bile étaient sans cesse excitées par ce neveu qui le gênait... Plus d'une fois même, il me répéta : « Cet enfant-là a trop d'esprit pour vivre, n'est-il pas vrai, docteur? » Ce qui, dans sa bouche, équivalait à...
DOROTHÉE.
Un arrêt de mort.
OEGIDIUS.
Précisément, et ça n'aurait pas tardé, si le jeune prince n'avait eu un jour l'heureuse idée, je ne sais d'où elle lui est venue... de dire qu'il se sentait une vocation décidée pour l'état monastique. « S'il en est ainsi, me dit le régent, attendons!.. je vous charge de son éducation... arrangez-vous pour qu'avant sa majorité, il ait prononcé ses vœux... nous en ferons alors un évêque d'Hildesheim, sinon, sa tête et la vôtre tomberont. » Commencez-vous à comprendre l'étendue de votre étourderie?
DOROTHÉE.
Très bien...

ŒGIDIUS.

Le régent a lui-même un fils qui est colonel au service de l'empereur Maximilien ; ce fils devient, après lui, héritier du trône, si l'héritier direct se fait moine ou évêque ; et pour confondre enfin tous les droits, notre souverain, qui est un habile politique, veut marier ce fils à la jeune Mathilde, sa nièce, le dernier rejeton du sang des Berthold.

DOROTHÉE.

Et si Mathilde refuse?..

ŒGIDIUS.

Elle ne refusera pas!.. Élevée comme prisonnière dans ce palais... n'y voyant personne, pas même son cousin, et habituée à obéir, elle a déjà répondu qu'elle était prête à se soumettre aux volontés de son oncle et de son souverain... et tout allait au gré de nos vœux... lorsque, par une bizarrerie, une fatalité que je ne pouvais comprendre et que je m'explique à présent, je remarquai dans mon élève une effervescence, une agitation et des idées... des discours inconcevables... il parlait même en dormant, et j'entendais des mots de femme, d'amour, de passion éternelle.

DOROTHÉE.

Pauvre jeune homme!..

ŒGIDIUS.

Qui aurait dit cela à son âge... dix-sept ans à peine... et puis, élevé dans la retraite, il ne connaît du monde que ce que je lui en ai appris; je le croyais, du moins; mais un de nos gens m'a assuré que le prince avait donné hier rendez-vous à l'ermitage de Sainte-Verrène, à une jeune personne inconnue... que nous connaîtrons, car j'ai tout arrêté... tout saisi... jusqu'à la jeune fille.

DOROTHÉE, vivement.

Est-elle jolie?

ŒGIDIUS.

Vous allez en juger!.. le grand-duc voudra sans doute la connaître.

DOROTHÉE.

Lui, qui ne voit personne?

ŒGIDIUS.

Aussi, je fais faire son portrait pour l'envoyer au duc avec mon rapport... les pièces à l'appui; je viens de faire demander le peintre de la cour, maître Ulrich. Le voici, sans doute.

SCÈNE IV.

LES MÊMES, NATHANIEL.

ŒGIDIUS.

Eh! non, ce n'est pas lui!..

NATHANIEL.

Monseigneur, maître Ulrich est en voyage avec la permission du prince, et comme on a dit de votre part que c'était très pressé... moi, Nathaniel, son élève, je suis accouru prendre vos ordres.

DOROTHÉE, le regardant.

Eh! mais, ce pauvre garçon a l'air souffrant et malade.

NATHANIEL.

Ne faites pas attention, Madame, c'est que je n'ai pas beaucoup dormi... j'ai passé toute la nuit sur une pierre... au haut de la montagne, à attendre...

DOROTHÉE.

Le lever du soleil, pour le peindre?..

NATHANIEL.

Oui, Madame... le soleil qui m'aurait ranimé et rendu la vie... (Soupirant.) Mais il n'a pas apparu, je n'ai rien vu... (A Œgidius.) Et je rentrais au logis quand on est venu me chercher de votre part.

ŒGIDIUS.

Ce qui n'est pas la même chose... à moins que tu ne puisses remplacer maître Ulrich, ton patron.

NATHANIEL.

De quoi s'agit-il?

DOROTHÉE.

D'un portrait!

NATHANIEL, à part.

Dieu! quelle occasion... celle que je cherchais depuis long-temps. (Haut.) Certainement, j'ai du talent sans que ça paraisse, ou plutôt ça ne demande qu'à paraître, et si je vous montrais le portrait que j'ai fait de ma bonne amie... Pauvre portrait, je n'ai plus que lui, à présent.

DOROTHÉE, gaîment.

Nathaniel est amoureux?

NATHANIEL.

Comme un enragé.

DOROTHÉE, vivement.

Je le protège... il a du talent, il doit en avoir.

ŒGIDIUS.

Silence donc!.. c'est le prince!

SCÈNE V.

LES MÊMES, ÉRIC, habillé en noir.

ÉRIC, entrant vivement avec colère.

Ah! vous voilà, Monseigneur? (Apercevant Dorothée.) Pardon, Madame, j'ignorais votre retour, mais vous, qui êtes si bonne... vous serez indignée comme moi de la manière dont on me traite ici... et je demanderai à M. le docteur pourquoi les portes de ce palais me sont fermées? pourquoi l'on me retient prisonnier, moi, prince de Hanovre.

ŒGIDIUS.

Tel est l'ordre de votre oncle! et votre conduite d'hier légitime des mesures aussi rigoureuses.

ÉRIC.

Que voulez-vous dire?

ŒGIDIUS.

Nous savons tout.

ÉRIC, à part.

O ciel!

ŒGIDIUS.

Vous qui vouliez, disiez-vous, prendre l'habit monastique, trouvez-vous qu'il soit convenable pour un jeune diacre ou pour un damp

abbé d'aller, le soir, à l'ermitage de Sainte-Verrène, attendre des jeunes filles.
ÉRIC, avec colère.
Monseigneur !..
ŒGIDIUS.
Les y attendre... passe encore, mais ce qui est contraire à toutes les lois canoniques, vouloir les épouser!
ÉRIC.
Et qui peut vous le faire croire?
ŒGIDIUS.
Nous avons des preuves... *corpus delicti*... votre complice elle-même, qui va paraître devant vous!
(Il sonne; un domestique paraît à qui il donne des ordres.)
ÉRIC, à part.
Plus d'espoir, Mathilde est perdue!
DOROTHÉE, pendant ce temps, à Nathaniel, qui est à gauche.
Nathaniel, prépare tes pinceaux.
NATHANIEL, à mi-voix.
Ah! c'est la maîtresse du prince que je vais peindre?
DOROTHÉE.
Justement: une jeune fille qu'il a enlevée et qu'il adore.
ŒGIDIUS, s'approchant d'Éric.
De plus, je suis chargé de vous dire de la part de Monseigneur votre oncle, que si demain vous ne prononcez pas vos vœux, votre tête et celle de votre maîtresse...
ÉRIC, se levant.
Ah! tout ce que l'on voudra... (A part.) pourvu que Mathilde soit sauvée, et je vais devant elle...
ŒGIDIUS.
La voici !..

SCÈNE VI.

Les Mêmes, BERTHA, qui s'avance les yeux baissés.

QUINTETTE.

ÉRIC, la regardant et à part, avec joie.
Grands dieux! ce n'est pas elle!
NATHANIEL, à part, stupéfait.
C'est Bertha, l'infidèle!..
ÉRIC, à part, avec étonnement et regardant Œgidius.
Quoi! celle que j'aimais...
DOROTHÉE, bas, à Œgidius.
Quoi! celle qu'il aimait...
NATHANIEL, bas, à Dorothée.
Quoi! celle qu'il aimait...
ŒGIDIUS, à sa femme.
C'est elle.
DOROTHÉE, à Nathaniel.
C'est elle.
TOUS.
C'est elle.
BERTHA, levant les yeux et reconnaissant Nathaniel.
Ah! je le revois! Nathaniel!
NATHANIEL, la repoussant,
Laissez-moi !..

ENSEMBLE.

ÉRIC, avec joie, à part.
O l'heureuse méprise
Qui nous sauve tous deux!
Oui, le ciel favorise
Notre amour et nos vœux!
NATHANIEL, à part.
O douleur! ô surprise!
O transport furieux!
L'infidèle méprise
Nos serments et nos vœux!
BERTHA, à part.
O douleur! ô surprise!
Et quel air furieux!
On dirait qu'il méprise
Notre amour et nos vœux.
ŒGIDIUS ET DOROTHÉE.
Voyez-vous sa surprise,
Comme il baisse les yeux!
Son trouble, qu'il déguise,
Les trahit tous les deux.
ÉRIC, avec passion jouée, à Œgidius, en montrant Bertha.
Que sa grâce naïve
Obtienne mon pardon!
C'est elle qui captive
Mon cœur et ma raison!
BERTHA, étonnée, à Nathaniel.
Que dit-il?
NATHANIEL, à Bertha.
Infidèle!
ÉRIC.
Oui sa grâce naïve
A séduit ma raison !..
(A part.)
Ah! si j'osais lui demander son nom!
BERTHA, à Nathaniel.
Quel est donc ce seigneur qui m'aime
Avec une si vive ardeur?
NATHANIEL, avec colère.
Eh! mais... c'est le prince lui-même!
BERTHA, étonnée, à Éric.
Le prince!.. ah! pardon, Monseigneur!
Mais, j'ignorais, je vous l'atteste...
ŒGIDIUS.
C'est clair... vous le nierez toujours!
Mais lui-même l'avoue!
ÉRIC, avec exaltation.
Oui, cet amour funeste
Ne finira qu'avec mes jours!

ENSEMBLE.

ÉRIC.
Je l'aime! je l'aime
Sans savoir moi-même
Quel délire extrême
Égare mes sens!
Mais je le proclame,
L'amour qui m'enflamme
Porte dans mon âme
Ses feux dévorants!
BERTHA.
Il m'aime! il m'aime!
J'ignore moi-même
Quel délire extrême

Égare ses sens!
Mais la raison blâme
L'amour qui l'enflamme
Et porte en son âme
Des feux dévorans.

ŒGIDIUS, à part.
Il l'aime! il l'aime!
Sans savoir lui-même
Quel délire extrême
Égare ses sens;
Mais il le proclame,
L'amour qui l'enflamme
Porte dans son âme
Des feux dévorans!

DOROTHÉE.
Il l'aime! il l'aime!
Sans savoir lui-même
Quel délire extrême
Égare ses sens;
Mais il le proclame,
L'amour qui l'enflamme
Porte dans son âme
Des feux dévorans!

NATHANIEL, à part.
Il l'aime! il l'aime!
Sans savoir lui-même
Quel délire extrême
Égare ses sens;
Mais, pour moi, je blâme,
Une telle flamme,
Et crains, sur mon âme,
Pareils sentimens.

BERTHA, s'approchant d'Éric en passant devant Œgidius, qui reste près d'elle et l'écoute.
Et depuis quand cette flamme importune
Vint-elle, Monseigneur, ainsi vous embraser?

ÉRIC, à demi-voix.
Depuis qu'à l'ermitage... un soir... au clair de lune,
Ce baiser...

BERTHA, vivement et regardant Nathaniel.
Ah! grands dieux! taisez-vous!

ÉRIC, continuant à demi-voix.
Ce baiser
Et cet anneau...

ŒGIDIUS, saisissant la main de Bertha, et à part.
C'est vrai!.. c'est le sien!

BERTHA, désolée.
Je vous jure
Que je n'y comprends rien!

ŒGIDIUS et DOROTHÉE, riant.
C'est juste!

BERTHA.
Je ne peux
Empêcher Monseigneur d'être mon amoureux...
Mais ce n'est pas, du moins j'en suis bien sûre,
Lui que j'aime!..

ŒGIDIUS, haussant les épaules et avec ironie.
Allons donc!.. ce n'est pas lui?

BERTHA.
Non, non!
C'est un autre.

ŒGIDIUS.
Eh! qui donc? s'il vous plaît!

TOUS.
Oui, qui donc?

BERTHA, se jetant dans les bras de Nathaniel.
C'est lui!

ENSEMBLE.

BERTHA.
Je l'aime, je l'aime,
Je sens bien moi-même
La tendresse extrême
Qu'ici je ressens!
Oui, je le proclame,
Tous deux, sur mon âme,
L'amour nous enflamme,
Et depuis long-temps!

NATHANIEL.
O bonheur extrême!
Je l'aime, je l'aime!
Et plus que moi-même,
Elle a mes sermens.
Oui, je le proclame,
Tous deux, sur mon âme,
L'amour nous enflamme
Et depuis long-temps!

ŒGIDIUS, riant.
Quoi! c'est lui qu'elle aime!..
Adroit stratagème!
Dont je ris moi-même.
Le trait est charmant!
Mais la raison blâme
Cette ardente flamme
Qui n'est, sur mon âme,
Qu'un détour prudent.

DOROTHÉE, riant.
Quoi! c'est lui qu'elle aime?
Adroit stratagème,
Qui voile ici même
Ses vrais sentimens.
Mais la raison blâme
Cette ardente flamme
Qui n'est, sur mon âme,
Que ruse d'amans.

ÉRIC.
Je l'aime! je l'aime!
Sans savoir moi-même
Quel délire extrême
Égare mes sens!
Mais, je le proclame,
L'amour qui m'enflamme
Porte dans mon âme
Ses feux dévorans.

ŒGIDIUS, à Bertha, lui montrant Nathaniel.
Ainsi donc vous l'aimez?

DOROTHÉE, bas, à son mari.
Mais, vraiment, je le crois!

ŒGIDIUS, bas, à sa femme en riant.
Stratagème grossier!.. regardez-les tous trois?
Vous allez voir l'effet...

(Haut, à Bertha, montrant Nathaniel.)
Vous en êtes bien sûre!
C'est lui que vous aimez?

BERTHA.
Oui, Seigneur, je le jure!

ŒGIDIUS, à sa femme.
Regardez bien!

(A voix haute.)
Alors, je veux,
Avant une heure... ici... vous marier tous deux!

ÉRIC, NATHANIEL et BERTHA, avec surprise.
O ciel!

ŒGIDIUS, à demi-voix, les montrant en riant à sa femme.

Voyez-vous?

NATHANIEL et BERTHA, n'y pouvant croire.
Quoi! tous deux?

ŒGIDIUS, bas, à sa femme.
Je les ai pris au piége!
(Haut, avec force.)
Oui! tous les deux!

NATHANIEL et BERTHA.
Tous deux?

ÉRIC.
Tous deux!

NATHANIEL et BERTHA, à part.
Ah! quel grand politique!
Et quelle douce erreur!
Le moyen est unique,
Et fait notre bonheur!

ÉRIC, riant, à part.
Ah! le grand politique!
Je ris de son erreur.
Cet hymen tyrannique
Va faire leur bonheur!

DOROTHÉE, à part.
C'est d'un grand politique;
Mais je crains quelque erreur.
Cet hymen tyrannique
Leur fait trop de bonheur!

ŒGIDIUS.
En adroit politique,
Je lis au fond des cœurs,
Le moyen est unique
Pour tromper des trompeurs.

BERTHA, s'approchant d'Œgidius.
Comment, Monseigneur, c'est-il Dieu possible!.. mariés?..

ŒGIDIUS, avec ironie.
Oui, Mademoiselle... dans une heure, ici, à la chapelle du château... Avez-vous quelques objections à faire?

BERTHA.
Oh! mon Dieu! non... (Avec embarras.) Mais c'est que... c'est le père Anselme qui m'a baptisée... et je ne devais être mariée que par lui! Et alors...

ŒGIDIUS.
Est-ce un prétexte pour retarder cet hymen?.. Il ne vous réussira pas... Je vais envoyer, de votre part, chercher le père Anselme, qui sera ici dans une heure...

BERTHA.
Je vous remercie... mais...

ŒGIDIUS.
Mais... mais... malgré la joie que vous affectez, cela vous déconcerte (Montrant Éric.) ainsi que Monseigneur.

BERTHA, vivement.
Non, sans doute... (Hésitant.) Mais c'est que...

ŒGIDIUS.
Qu'est-ce encore?

BERTHA.
C'est que... il y a ici... au palais, une personne qui m'a toujours protégée, et pour qui je donnerais ma vie... ma marraine, la comtesse Mathilde...

ÉRIC, vivement.
Comment?

ŒGIDIUS, le regardant froidement.
Qu'avez-vous donc?

ÉRIC.
Moi?.. Rien!..

BERTHA.
Elle m'avait toujours promis de me faire l'honneur d'assister à mon mariage... et si elle n'était pas là... je ne voudrais pour rien au monde...

ŒGIDIUS, riant avec ironie.
A merveille... Encore un obstacle qui ne vous sauvera pas davantage... (Montrant Dorothée.) Madame va prier la princesse de vouloir bien descendre à la chapelle... par ordre de son oncle le grand-duc, et nous verrons, alors, Mademoiselle...
(Il cherche son nom.)

BERTHA, faisant la révérence.
Bertha.

ŒGIDIUS.
C'est votre nom?..

ÉRIC, à part.
Enchanté de l'apprendre... (Haut et avec force.) Oui, Bertha, sois tranquille... Rien ne peut nous désunir, et plus tard...

ŒGIDIUS, l'arrêtant.
Qu'est-ce que c'est que ces manières-là?.. (Lui prenant la main.) Dans votre intérêt, Monseigneur, je vous conseille de garder le silence, et de ne pas vous opposer à ce mariage, que votre fol amour a rendu nécessaire et indispensable.

NATHANIEL et BERTHA.
Quoi! vous nous mariez?..

ŒGIDIUS, avec force, à Bertha.
Parce que le prince vous aime, entendez-vous bien?.. Voilà l'unique raison...

BERTHA, timidement.
De sorte que, s'il ne m'aimait pas?..

ŒGIDIUS.
C'eût été différent.

NATHANIEL, qui est passé près d'Éric, à voix basse.
Oh! alors, Monseigneur, ne cessez pas.

BERTHA, de même.
Et continuez, je vous prie, dans le même sens.

ÉRIC, à voix basse.
A une condition... J'ai un service à te demander.

BERTHA, de même.
Parlez...

ÉRIC, de même.
Ici, impossible... mais, tout à l'heure, à l'orangerie.

BERTHA.
C'est dit.

ŒGIDIUS, montrant à sa femme Éric et Bertha, qui causent tout bas.
Voyez-vous! voyez-vous! si on les laissait faire... Mais ce mariage est un coup de maître... Je vais faire prévenir le père Anselme... (A Dorothée.) Vous, la comtesse Mathilde... Sortez tous, (A Éric.) excepté vous, Monseigneur, qui ne

pouvez quitter ce palais, par ordre supérieur!

(Nathaniel et Bertha sortent par le fond, Dorothée et OEgidius par la droite.)

SCÈNE VII.
ERIC, seul.

Nous voilà sauvés... sauvés jusqu'à demain... car ces vœux, je ne puis les prononcer, et cette ruse, que Mathilde elle-même m'avait conseillée... devient impossible... Je ne puis plus maintenant renoncer à ma cousine, à ma femme, à tout ce que j'aime... Mais, depuis hier, on a grillé la seule fenêtre qui, de mon côté, donnait sur les combles du palais, et par laquelle je me hasardais chaque nuit... au risque de me briser, de deux cents pieds de haut, sur le pavé... Et comment, maintenant, parvenir jusqu'à ma pauvre cousine, prisonnière?.. Comment combiner un nouveau plan d'évasion... comment savoir seulement ce qui a fait manquer celui de cette nuit?.. Il n'y a, pour nous, d'espoir et de salut que dans cette jeune fille... Le peu de mots qu'elle a dits tout à l'heure me prouvent qu'elle est dévouée à Mathilde, et puisque, dans quelques instans, et pour ce mariage, elle doit la voir à la chapelle... elle pourra aisément lui glisser un billet dans la main... Écrivons!.. (Il se met à la table à droite, et écrit en parlant.) Bertha m'a promis de m'attendre à l'orangerie... Elle me rendra ce service... Oui... c'est cela...

(Il écrit toujours.)

SCÈNE VIII.

OEGIDIUS, qui, à la fin de la scène précédente, est sorti de la chapelle à gauche, entre sur le théâtre en rêvant; ERIC, à la table à droite.)

OEGIDIUS, à lui-même.

Tout est prêt à la chapelle; quant au messager que vient de m'envoyer le duc... il est là... il attend, comme à l'ordinaire, mon rapport de chaque jour. Le voici fait en règle, et je vais le lui remettre. (Levant les yeux et apercevant Eric qui écrit.) Que vois-je!.. et à qui écrit mon élève?.. Je le saurai... nouveau chapitre à ajouter à mon rapport.

(Il s'approche doucement derrière la chaise d'Eric, passe la main par-dessus son épaule, et saisit la lettre qu'il écrivait.)

ERIC, se levant et avec indignation.

Monseigneur... une telle audace!.. un tel espionnage!..

OEGIDIUS.

Tous les moyens sont bons en politique... et, d'ailleurs, vous le savez... si je me laisse tromper, il y va de mes jours... Le danger ennoblit et légitime tout... Voyons...

ERIC, voulant reprendre la lettre.)

Vous ne lirez pas!

OEGIDIUS.

Je lirai... avec vous... A nous deux, ou bien je fais appeler la garde ducale, les trabans de votre oncle... et, en leur présence... Choisissez...

ERIC, cherchant à modérer sa colère.

Monsieur...

OEGIDIUS.

Vous voyez qu'il vaut mieux que tout se passe en famille... (Lisant.) « On ne se doute de rien; »le ciel, qui veille sur nous en ce palais, sem»ble encore y protéger nos amours. Bertha, que »je charge de ce billet, et dont le savant doc»teur a eu la bêt... (Il regarde Eric avec colère, puis continue.) la simplicité de me croire amou»reux, détourne loin de nous tous les soup»çons. » (S'interrompant.) Est-il possible? (Continuant.) Et comme nous pouvons, je crois, nous »confier à sa fidélité et à son dévouement... » (S'interrompant.) C'est bon à savoir... (Continuant.) « Voici ce que j'ai imaginé... Il faut qu'au»jourd'hui... aujourd'hui même... » (S'arrêtant.) Et pas davantage, pas une ligne de plus...

ERIC, froidement.

Je n'étais là quand vous m'avez arrêté.

OEGIDIUS, à part.

Ah! si j'avais su!.. Mais ce mot me suffit et m'aidera à vous prouver que ce savant docteur, dont vous vous raillez, ne se laisse pas prendre aisément pour dupe!.. (Avec une colère concentrée.) Ah! ce n'est pas Bertha que vous aimez...

ERIC.

Permis à vous de le croire...

OEGIDIUS.

Non... je ne le crois plus... mais il y en a une autre, et cette autre, quelle est-elle?

ERIC.

C'est ce que je ne vous dirai pas...

OEGIDIUS.

Et ce qu'il me sera facile de deviner... Pour cela, il ne me faut qu'un indice... et j'ai remarqué une phrase... Oui, c'est cela... (Relisant le billet.) « Le ciel, qui veille sur nous en ce pa»lais, semble encore y protéger nos amours... » Celle que vous aimez est donc en ce palais?..

ERIC, à part.

O ciel!

OEGIDIUS.

Elle y habite avec vous.

ERIC, effrayé.

Monseigneur!..

OEGIDIUS, avec jalousie.

Or, il n'y a ici à demeure, au palais, que deux femmes... et j'y vois clair...

ERIC, à part.

C'est fait de nous!.. (Haut, vivement.) Grâce pour elle!.. C'est moi, moi seul qui fus coupable.

OEGIDIUS, avec colère.

Vous l'avouez donc!

ERIC, continuant avec chaleur.

Qui ne l'eût pas été à ma place, n'ayant qu'elle au monde pour confidente et pour amie?..

OEGIDIUS, avec colère.

Là!.. ce que je lui disais ce matin... sa coquetterie et ces entretiens continuels avec vous...

ERIC, étonné.

Comment?

OEGIDIUS.
Entretiens que je n'aurais pas dû tolérer, comme gouverneur et comme mari...
ÉRIC, vivement.
Votre femme!.. (A part.) O bonheur!
OEGIDIUS, avec colère.
Oui, oui... ma femme... Je me vengerai...
ÉRIC, avec chaleur.
Sur moi! Monseigneur, sur moi seul!.. Séduit par sa beauté... par son esprit, irrité par ses rigueurs et par cette coquetterie même dont vous parliez tout à l'heure, ai-je pu conserver ma raison?.. ai-je eu la force ou le courage de me dire : Malheureux, elle ne peut être à toi... ni t'appartenir... Elle ne peut t'aimer... car c'est la femme de ton gouverneur... d'un docteur révéré... d'un savant respectable...
OEGIDIUS.
Et, cependant, vous l'aimiez?..
ÉRIC, vivement.
Amour pur, vertueux, platonique, dont elle ne se doute même pas.
OEGIDIUS.
Et cette lettre?
ÉRIC.
C'est la première... je vous le jure... et si vous saviez...
OEGIDIUS.
Silence...
ÉRIC.
Non, je veux tout dire...
OEGIDIUS.
Et, moi, je ne veux rien entendre, car on vient...
(Paraît Ribemberg, en noir, qui s'approche d'Œgidius.)
RIBEMBERG.
Je suis là... j'attends...
OEGIDIUS.
Eh! je le sais bien... il attend, et son maître aussi, qui n'aime pas à attendre... C'est le messager du duc, son barbier, son confident. Il vient chercher ce maudit rapport... Je ne puis plus lui envoyer celui-là, à présent, il en faut un autre. (Il le déchire. A Éric.) Laissez-moi! laissez-moi!.. Mais vous n'en êtes pas quitte : je vous interrogerai plus tard sur faits et articles...
ÉRIC, s'inclinant.
A vos ordres, Monseigneur. (A part.) Allons retrouver Bertha.
(Il sort.)
OEGIDIUS.
Et vous, maître Ribemberg, quelques instans encore... le rapport n'est pas achevé... J'ai quelques légers changemens à y introduire...
(Ribemberg sort.)

SCÈNE IX.

OEGIDIUS, seul.

Ah! bien oui... faire un rapport officiel de tout ce qui s'est passé depuis hier... M'en préserve le ciel!.. Mais si le duc l'apprend par d'autres que par moi, car il a partout des espions... il me fera un crime de mon silence... Il est capable d'y voir un complot... Il croira que je l'ai trahi... et qu'il est trompé!.. quand c'est moi, au contraire... Et c'est bien assez... c'est déjà trop que je le sache, sans aller le raconter, le signer, et le certifier véritable dans ce rapport... qui passera sous les yeux du duc et de tout le conseil... Jamais! Plutôt mourir que d'apprêter ainsi à rire à mes dépens!.. Ça n'est pas tant pour moi que pour la science... car, dès qu'il arrive un accident à un docteur, à un front savant, tous ces messieurs de la cour sont enchantés... comme si le malheur qui nous accable les allégeait d'autant... Après cela, je m'exagère les choses... je me monte la tête... je me fais les événemens plus graves qu'ils ne sont en effet... Une femme coquette et légère... mais sage par principes! Un jeune homme timide et sans expérience, qui aime pour la première fois, et, comme cela arrive toujours, d'un amour pur, vertueux et platonique... Il l'avoue lui-même, et tout me le prouve... des causeries, des confidences, des niaiseries sentimentales... pas autre chose... Et, dans tout cela, rien de réel... rien de sérieux... j'en suis sûr... Je puis donc, sans tromper notre maître, lui faire un récit exact et véridique qui supprime la moitié des choses, et en déguisant, en arrangeant le reste... nous arrivons au véritable rapport officiel... Nous ne les faisons jamais autrement.

SCÈNE X.

OEGIDIUS, à la table, composant son rapport; JOB, s'avançant doucement derrière lui.

OEGIDIUS.
« Rapport à Son Altesse le régent, concernant le prince Éric, son neveu. » (A lui-même.) Seconde édition. (Écrivant.) « Monseigneur... » (S'interrompant.) Qui vient là?
JOB, timidement.
C'est moi, Monseigneur...
OEGIDIUS, écrivant.
Qu'y a-t-il?
JOB.
Vous savez bien le nouveau poste que vous m'avez donné... place honorable... emploi de confiance, qui m'oblige à tout voir, tout entendre...
OEGIDIUS.
Et à ne rien dire qu'à moi...
JOB.
Qui me paierez chaque rapport...
OEGIDIUS.
C'est convenu!
JOB, tendant la main.
En ce cas, payez-moi.
OEGIDIUS.
Comment cela?
JOB.
J'ai déjà commencé... J'ai vu, j'ai entendu, et je sais...
OEGIDIUS.
Quoi donc?

JOB.
Un secret... un fameux !.. Le prince est amoureux !
ŒGIDIUS, à part.
Il croit me l'apprendre ! (Haut, d'un air de dédain.) Un amour romanesque et innocent...
JOB.
Du tout : un amour terrible, et des suites plus terribles encore !
ŒGIDIUS, effrayé.
Hein !.. Comment ?.. Qu'est-ce que c'est ?..
JOB.
J'étais donc dans la salle basse qui donne sur l'orangerie, sans penser à rien...

PREMIER COUPLET.

Tout-à-coup une porte s'ouvre,
Et de peur qu'on ne me découvre,
Je me blottis, pour mon salut,
Derrière un antique bahut...
C'était le prince et cette belle,
Bertha, la gente demoiselle...
Tous deux s'avançaient pas à pas,
    Tous deux parlaient bien bas...
        Et moi j'écoutais...
        Et je regardais...
    Car j'aime à tout voir,
    J'aime à tout savoir...
        Et moi j'écoutais...
        L'oreille aux aguets...
    Car j'aime à tout voir,
    J'aime à tout savoir ;
        Par là l'on s'instruit,
        Et même l'on dit
        Que l'on s'enrichit...

(Tendant la main à Œgidius, qui lui donne de l'argent.)

Oui, l'on s'enrichit !

DEUXIÈME COUPLET.

Il lui disait : « Sois-nous fidèle !
» Tous deux nous comptons sur ton zèle !
» Reçois et protège toujours
» Ce seul gage de nos amours !
» Car c'est à toi que je confie
» Le secret d'où dépend ma vie !.. »
Vous voyez bien que c'était un secret,
    Un très grand secret...
        Et moi j'écoutais
        Et je regardais ;
    Car j'aime à tout voir,
    J'aime à tout savoir !
        Et moi j'écoutais,
        L'oreille aux aguets...
    Car j'aime à tout voir,
    J'aime à tout savoir !
        Par là l'on s'instruit,
        Et même l'on dit
        Que l'on s'enrichit...

(Tendant de nouveau la main à Œgidius.)

ŒGIDIUS.
Encore !..

(Il lui donne de l'argent.)

JOB, avec joie.
Oui, l'on s'enrichit !

SCÈNE XI.

LES MÊMES, BERTHA, habillée en mariée.

BERTHA, à Œgidius.
Me voilà prête pour la cérémonie, et quand vous voudrez...
ŒGIDIUS, avec impatience.
Va te promener !..
BERTHA.
Comment ! me promener... avant le mariage...
ŒGIDIUS, avec humeur.
Il n'a plus lieu... car le prince... ce n'est pas toi qu'il aime... c'est une autre...
BERTHA.
C'est-il possible !.. Et qui donc ?
ŒGIDIUS.
Ça ne te regarde pas !.. (Avec colère.) Tais-toi et va-t'en... Non... reste... (A Job.) Et toi, parle... Après ?..
JOB.
Rien de plus !
ŒGIDIUS.
Comment ! rien de plus !.. Et ce secret ?..
(Bertha s'approche et écoute.)
JOB.
Ce secret... M'est avis que la jeune fille l'emportait avec elle sous sa mante, et si bien caché qu'on n'y aurait rien vu... si ce n'est que je l'ai entendu crier.
ŒGIDIUS.
Le secret !..
JOB.
Et Bertha est entrée avec, vis-à-vis le palais, dans la boutique de Nathaniel, le peintre coloriste, et je vais voir...
ŒGIDIUS, à Job, vivement en le faisant taire.
C'est bien ! c'est bien !.. Va-t'en !
JOB, continuant.
Je vais surveiller autour de la maison de Nathaniel pour en savoir davantage.
ŒGIDIUS.
A la bonne heure... (A Bertha, qui veut sortir.) Toi, Bertha, reste !..

(Job sort.)

SCÈNE XII.

ŒGIDIUS, BERTHA, puis RIBEMBERG.

BERTHA.
A quoi bon !.. puisque le mariage est encore retardé indéfiniment.
ŒGIDIUS, lentement et à demi-voix.
Il aura lieu... comme je te l'ai promis, et tu seras mariée...
BERTHA, vivement.
Avec Nathaniel ?

OEGIDIUS, gravement.
Avec lui!
BERTHA, vivement.
Sur-le-champ!
OEGIDIUS.
Sur-le-champ! car tout est prêt... (Montrant la chapelle à gauche.) Le père Anselme est arrivé, et ta marraine, la comtesse Mathilde, va descendre de l'appartement où elle est prisonnière... Je l'ai permis...
BERTHA.
Alors, partons!
OEGIDIUS.
Un instant! A condition que tu me répèteras mot pour mot tout ce que t'a dit tout à l'heure le prince!
BERTHA.
J'ai juré sur ma tête de me taire... mais puisque ce bavard vous a dit tout... je ne risque rien.
OEGIDIUS.
Eh bien donc?
BERTHA, mystérieusement.
Eh bien... le prince est amoureux...
OEGIDIUS.
Eh! je le sais de reste... Ils viennent tous me l'apprendre...
BERTHA.
Par exemple, il ne m'a pas dit de qui...
OEGIDIUS.
C'est bien à lui... mais je n'ai pas besoin de le savoir... Que m'importe?.. Achève.
BERTHA.
« Puisque tu es libre (a-t-il continué), puis-
» que tu peux sortir de ce palais où je suis pri-
» sonnier, emporte avec toi, et quand tu seras
» mariée, conserve en secret et comme t'appar-
» tenant, le seul bien qui restera après moi de
» celle que j'ai tant aimée!.. »
OEGIDIUS, à part.
Je sens une sueur froide...
BERTHA.
Je le lui ai promis... Vous auriez fait comme moi... Et bien certainement après mon mariage... puisqu'enfin il va avoir lieu... j'aimerai et j'élèverai comme mon enfant celui qu'il m'a remis... et qui est gentil, gentil... qu'il vous ferait plaisir à voir...
OEGIDIUS, se contenant à peine.
A moi!.. c'en est trop!.. (A part.) Voilà donc cet amour pur et platonique... et cette absence de six mois à Badenberg pour ses vapeurs et sa migraine... (Apercevant Ribemberg qui paraît à la porte de droite.) O ciel!
RIBEMBERG.
Me voilà... J'attends.
OEGIDIUS, à part.
Et le rapport qui n'est pas fini... et le duc qui s'impatiente, qui va arriver, peut-être... si je n'écris pas... Et tout lui dire... et mettre cet enfant-là sur le rapport... Impossible!.. (Il le déchire.) Allons, encore un qui ne peut plus servir... C'est à recommencer... une troisième édition...
BERTHA, le retenant.
Et mon mariage?

OEGIDIUS.
Il se passera de ma présence!,. Impossible d'y assister. (A Ribemberg, qu'il entraîne.) Viens! viens!

(Il sort avec lui par la porte à droite.)

SCÈNE XIII.

BERTHA, ÉRIC, paraissant à la porte du fond et entrant au moment où il voit OEgidius disparaître.
ÉRIC.
Eh bien?
BERTHA.
Eh bien! il est chez moi... en sûreté... Mais un espion nous avait entendu, et le gouverneur m'a forcé de lui avouer...
ÉRIC.
O ciel!
BERTHA.
Et il est sorti tout troublé, pour faire, dit-il, un rapport.
ÉRIC.
Ou plutôt pour parler à son maître, à mon oncle lui-même qui vient d'arriver; j'ai vu sa litière entrer dans la cour du palais... tout est perdu!..
BERTHA.
Au contraire! je peux maintenant garder comme le mien le trésor que vous m'avez confié, car je vais me marier.
ÉRIC.
Qui te l'a dit?
BERTHA.
Le gouverneur lui-même, qui ne peut assister à mon mariage... Mais le père Anselme vient d'arriver... il est là dans la chapelle, avec ma marraine.
ÉRIC, avec joie.
Mathilde?.. Est-il possible?
BERTHA.
Oui, Monseigneur... ma bonne marraine!.. quel bonheur, devant elle, et non sans peine, je vais enfin me marier...
ÉRIC, vivement et regardant du côté de la chapelle.
Non... non... pas encore!
BERTHA.
Comment? pas encore!
ÉRIC.
Si tu aimes ta marraine... si tu lui es dévouée...
BERTHA.
A la vie et à la mort...
ÉRIC.
Eh bien!.. je ne t'ai pas encore dit le secret d'où dépendent nos jours... quoique séparés l'un de l'autre, quoique tous deux prisonniers, c'est elle que j'aime!
BERTHA.
Ah! mon Dieu!
ÉRIC.
Plus tard, tu sauras comment je pouvais parvenir jusqu'à elle, comment, par les soins d'une de ses femmes qui est mariée et qui lui est dévouée, nous avons pu jusqu'ici cacher à tous les

yeux... Mais... ce soir peut-être je n'existerai plus... car mon oncle n'est pas homme à me pardonner... et si, avant ma mort, je pouvais assurer l'avenir de Mathilde et surtout les droits à la couronne de son fils et du mien...

BERTHA.

Quoi, c'était...

ÉRIC.

C'était pour cela qu'hier, en secret, je voulais l'épouser; et ce mariage, contre lequel tout le monde est conjuré, ce mariage auquel tout s'oppose, peut avoir lieu en ce moment si tu le veux...

BERTHA.

Est-il possible? Mais comment?..

ÉRIC.

Nous n'avons qu'une minute... une seconde... OEgidius est absent... il est près de son maître... Mathilde est là dans la chapelle, seule avec le père Anselme, qui, hier, devait nous unir à l'ermitage.

BERTHA.

Ah! je comprends!.. Oui, oui... j'attendrai encore... tandis que vous... Allez... allez vite...

ÉRIC.

Ah! si le ciel nous protège et nous sauve... sois sûre qu'un jour ma reconnaissance...

BERTHA, vivement.

Allez donc... le gouverneur peut revenir... Je guette... je ferai sentinelle...

(Éric sort par la porte à gauche.)

SCÈNE XIV.

BERTHA, seule, et regardant du côté de la chapelle, dont la porte est restée ouverte.

PREMIER COUPLET.

Moment auguste et solennel!..
Vers eux le saint homme s'avance,
Et debout auprès de l'autel
Tous deux se tiennent en silence!
C'est ma marraine... la voilà!
Qu'elle est belle! qu'elle est heureuse!..
Ah! ah! ah!..
Si j'eusse été moins généreuse,
Je serais là!

DEUXIÈME COUPLET.

Que Dieu protège leurs amours,
Et qu'un jour autant m'en advienne!..
(Regardant.)
Ils jurent de s'aimer toujours,
Et le ciel a béni leur chaîne...
Oui... oui, tout est fini déjà.
Et voici même qu'il l'embrasse...
Ah! ah! ah.
Si l'on n'avait pas pris ma place,
Je serais là.

(Regardant à droite.)

Dieu! M. le docteur!

SCÈNE XV.

BERTHA, OEGIDIUS.

OEGIDIUS.

Ah! te voilà... j'allais te rejoindre à la chapelle... Eh bien! ce mariage?..

BERTHA.

Est terminé.

OEGIDIUS.

Tout est fini?

BERTHA, avec embarras.

Oui, Monseigneur.

OEGIDIUS.

Tant mieux... car le duc... le duc lui-même vient d'arriver; il s'est fait transporter en litière, et quelle figure!.. (A part.) A peine a-t-il quelques jours à vivre, et il n'en est que plus méchant... il se dépêche... (Haut.) Et sans me laisser le temps de parler, il s'est écrié : «Qu'est-ce que ça signifie? quelle est cette jeune fille que mon neveu voulait épouser...» Mes ennemis lui avaient déjà écrit cette fable, et j'ai répondu par un moi : «Bertha, dont on le disait épris, se marie en ce moment à Nathaniel, son amoureux... Elle est mariée, je vous le jure...»

BERTHA.

Ah! mon Dieu!..

OEGIDIUS.

A quoi il a répondu : «C'est bien; qu'on me présente tout à l'heure les deux époux...» Ce qui de sa part est une grande faveur... lui qui ne reçoit personne... Et voici tout le monde qui vient déjà vous féliciter...

BERTHA, à part.

Ils s'adressent bien!

SCÈNE XVI.

BERTHA, OEGIDIUS, ÉRIC, sortant de la chapelle à gauche; DOROTHÉE, entrant par le fond; SEIGNEURS et DAMES de la cour; puis JOB.

FINAL.

CHOEUR des personnes de la cour, à haute voix.

O jour heureux et prospère!
O mariage enchanteur!

(Entre eux.)

Oui, Messieurs, il doit nous plaire,
Car il plaît à Monseigneur.

JOB, entrant par le fond, s'approchant d'OEgidius, et à voix basse.

Je connais enfin ce mystère :
J'ai vu dans la maison un jeune et bel enfant,
A Nathaniel appartenant,
Et qui rendait, je crois, cet hymen nécessaire !
OEGIDIUS, avec impatience.
C'est bien! je saurai tout.

(A Bertha.)

Mais le nouveau mari?

TOUS.
Ah! le voici!

SCÈNE XVII.

LES MÊMES, NATHANIEL, habillé en marié.

CHOEUR, l'entourant.

O jour heureux et prospère!
O mariage enchanteur!
Oui, vraiment, il doit nous plaire,
Car il plaît à Monseigneur!

NATHANIEL, qui vient de rendre à chacun ses saluts.
Pour être mieux encor, je me suis fait attendre.
(Offrant la main à Bertha, qui lui fait en vain signe de se taire.)
Allons, partons.

OEGIDIUS
Où donc?

NATHANIEL.
Ne faut-il pas nous rendre
A l'autel?

OEGIDIUS.
Mais vous en venez!

NATHANIEL.
Qui? moi!
J'y vais!

OEGIDIUS.
Non pas.

NATHANIEL.
Pour recevoir sa foi,
J'accours en beaux habits de fête.

rions.

DOROTHÉE, riant.
Oh! le bonheur lui fait tourner la tête.

ÉRIC.
L'hymen est célébré.

JOB.
Vous êtes son mari?

NATHANIEL.
Je le serai, mais pas encor!

ÉRIC, OEGIDIUS, JOB, DOROTHÉE.
Mais si.

NATHANIEL.
Moi.

TOUS.
Vous.

NATHANIEL.
Moi.

TOUS.
Vous.

NATHANIEL.
C'est inoui!

ENSEMBLE.

NATHANIEL.
Je n'en ai pas mémoire,
Et d'une telle histoire,
Mon esprit ne peut croire
Le récit imposteur!
Ah! c'est une infamie!
Je veux qu'on nous marie,
Je réclame et je crie

Justice à Monseigneur!

OEGIDIUS, à part, montrant Éric.
Ah! la fatale histoire!
A peine je puis croire
Une trame aussi noire.
Pour moi, quel déshonneur!
Ah! c'est une infamie,
C'est une perfidie!
Voir ma flamme trahie
Par un tel séducteur!

TOUS.
Ah! la plaisante histoire,
Il n'a plus de mémoire,
Et refuse de croire
A ce titre flatteur.
Il veut qu'on le marie.
Près de femme jolie,
Se peut-il qu'on oublie
Jusques à son bonheur.

OEGIDIUS, à Nathaniel.
Monseigneur vous attend et tous deux vous réclame;
Venez!

NATHANIEL, avec obstination.
Je n'irai pas que je ne sois mari,
Et je ne le suis pas, demandez à ma femme!

ÉRIC, bas à Bertha.
Réponds!

BERTHA, à Nathaniel.
Eh! si vraiment.

NATHANIEL, étonné.
Comment?

BERTHA.
Tout est fini!

OEGIDIUS et DOROTHÉE, à Nathaniel.
Ta femme est mariée et tu dois l'être aussi!

NATHANIEL, allant à Bertha.
Eh quoi! Bertha...

JOB, à Nathaniel.
De plus, je vous fais compliment,
Je viens de le voir et vraiment,
Il est superbe!

NATHANIEL.
Qui?

JOB.
Votre enfant.

NATHANIEL,
Mon enfant!
Époux et père! moi!... Je n'en ai pas mémoire,
Et d'une telle histoire, etc, etc.

TOUS.
Ah! la plaisante histoire,
Il n'a plus de mémoire, etc, etc.

OEGIDIUS, à part.
Ah! la fatale histoire, etc.

(A la fin de cet ensemble qui est très bruyant, paraissent par la galerie du fond quelques domestiques avec des flambeaux, et des gardes entourant une litière.)

CHOEUR.

Taisez-vous, on s'avance.
C'est lui, c'est Monseigneur!

Courbons-nous en silence,
Par respect!..
(A part.)

Par terreur!

(Tout le monde s'incline devant la litière, qui s'arrête un instant au milieu du théâtre. Œgidius s'avance respectueusement près des rideaux qui s'entr'ouvrent; une main présente un papier à Œgidius. La litière se remet en marche et traverse le théâtre; tout le monde la suit des yeux. Pendant ce temps, et toujours sur l'orchestre qui joue en sourdine, Œgidius s'avance au bord du théâtre et lit d'une voix tremblante:)

ŒGIDIUS.

« Vous deviez tout savoir et tout empêcher...
» De nouveaux avis m'assurent que cette jeune
» fille est mariée, non pas à Nathaniel, mais à
» mon neveu, et qu'un héritier légitime et direct
» a maintenant des droits à la couronne... Prou-
» vez-moi le contraire, ou ce soir votre tête
» tombera!.. »

(La musique reprend.)

ŒGIDIUS, avec désespoir.
Le lui prouver!.. J'en perdrai la raison!..

(Regardant Dorothée.)
Moi, qui m'étais promis de garder le silence
Sur mon affront!..

DOROTHÉE, s'approchant de lui doucement.
Qu'avez-vous donc?

ŒGIDIUS, avec colère.
Laissez-moi!.. Craignez ma vengeance!

(A part.)
Pour me sauver je n'ai que ce moyen,
Il faudra donc prouver, quoi qu'il m'en coûte,

Que cet héritier qu'il redoute,
Que cet héritier... est... le mien!..
Ah!..

ENSEMBLE.

ŒGIDIUS.

Le dépit, la colère,
La vengeance et la peur,
Chez moi se font la guerre
Et partagent mon cœur!
L'honneur veut que j'éclate.
Non; croyons ma frayeur,
Et cachons à l'ingrate
Mon trouble et ma fureur.

ÉLIE.

D'où vient donc sa colère,
Son dépit, sa terreur?
De ce maître sévère,
Craindrait-il la fureur?
Si son courroux éclate,
Adieu tout mon bonheur!
Et l'espoir qui me flatte
Ne sera qu'une erreur!

TOUS.

D'où vient donc sa colère,
Son dépit, sa terreur?
De ce maître sévère,
Craindrait-il la fureur?
Si son courroux éclate,
Malheur à nous! malheur!
Sa mort, dont je me flatte,
Est encore une erreur!

(Œgidius sort avec Ribemberg. Tout le monde le suit des yeux.)

FIN DU DEUXIÈME ACTE.

ACTE III.

Le théâtre représente un petit salon gothique ouvert sur une galerie. — A gauche, l'entrée de l'appartement du régent; cette entrée est masquée par une riche portière. — Au troisième plan, à gauche, une autre porte latérale communiquant au même appartement.

SCÈNE I.

BERTHA, entrant en courant devant NATHANIEL, qui la poursuit.

DUO.

BERTHA.
Laissez-moi! laissez-moi! ne suivez point mes pas!

NATHANIEL.
Non, non, morbleu! je ne te quitte pas!
(La prenant par la main et la forçant à se retourner.)
Regarde-moi... là... bien en face?

BERTHA, le regardant effrontément.
Eh bien!.. après?

NATHANIEL.
Auras-tu bien l'audace
De soutenir encore ici
Que nous sommes unis?
BERTHA, résolument.
Oui!
NATHANIEL.
Que nous sommes bénis?
BERTHA, de même.
Oui.
NATHANIEL.
Et qu'enfin je suis ton mari!
BERTHA, de même.
Oui! oui! oui! cent fois oui!

(S'enfuyant.)

Si tu ne le veux pas, tant pis!
NATHANIEL, la retenant par la main.
Non! non! demeure!..

(A Bertha, qui s'arrête et qui croise les bras.)
Eh bien! oui!.. je te crois! j'y consens, je veux bien
Que nous ayons formé ce fortuné lien!..
BERTHA.
Vous l'avouez, enfin!.. A la bonne heure!..
NATHANIEL.
J'y fais tous mes efforts!.. Par malheur, ma raison
S'oppose à ma conviction!
BERTHA.
La raison?
NATHANIEL.
La raison!
BERTHA, d'un air de reproche.
Quoi! Monsieur, plus que moi vous croyez la raison?

ENSEMBLE.

BERTHA, pleurant.
Ah!.. ah!.. vous ne m'aimez pas!
Que les hommes sont ingrats!
Ah!.. ah!.. je le vois, hélas!
Non! non! vous ne m'aimez pas!
NATHANIEL.
C'est à vous casser les bras!
Qui?.. moi? je ne t'aime pas?
Quand l'amour me brise, hélas!
Et les jambes et les bras!

(Essuyant les larmes de Bertha.)
Tu le veux?.. J'obéis, selon mon habitude,
Et le doute, pour moi, se change en certitude.
BERTHA.
C'est heureux!
NATHANIEL, d'un air railleur, reprenant le premier motif du duo.
Ainsi donc nous sommes unis?
BERTHA.
Oui!

NATHANIEL, étendant la main.
Ainsi, nous sommes bénis?..
Oui!

NATHANIEL.
Alors, si je suis ton mari,
Tu m'appartiens!
BERTHA, surprise, et à part.
O ciel!
NATHANIEL.
C'est légal!
BERTHA, à part.
Je frémi!
NATHANIEL, la prenant dans ses bras.
Tu ne peux m'empêcher, ici,
De prendre un baiser de mari.
BERTHA, se débattant.
Finissez!..
NATHANIEL.
Tu l'as dit!.. Ah! je suis ton mari!..

ENSEMBLE.

NATHANIEL.
Tu ne peux t'en défendre!
Je suis sûr du succès!
Morbleu! j'ai su la prendre
Dans ses propres filets!
L'église et la justice
Le commandent ainsi:
Il faut qu'on obéisse
Aux ordres d'un mari!
BERTHA, à part.
Ah! comment me défendre?
Inutiles projets!
Car il a su me prendre
En mes propres filets!

(Haut.)

J'entends mieux la justice,
Et s'il faut, Dieu merci!
Que quelqu'un obéisse,
C'est toujours le mari.
NATHANIEL, avec joie.
Oui, ma mémoire, plus fidèle,
Me revient, et je me rappelle
Le moment où, dans la chapelle,
Mon destin au tien fut uni.
BERTHA, à part, naïvement.
Peut-on, mon Dieu! mentir ainsi?
NATHANIEL, de même.
Et j'entends le révérend père
Nous dire d'une voix sévère,
Qu'en ménage la loi première
Est d'obéir à son mari.
BERTHA, à part.
Quel embarras!

(A Nathaniel, qui la presse.)
Redoutez mon courroux!
NATHANIEL.
Ah! redoutez plutôt celui de votre époux!..
Car tu l'as dit!.. oui, je suis ton époux!..

ENSEMBLE.

Tu ne peux t'en défendre,
Je suis sûr du succès, etc.
BERTHA.
Ah! comment me défendre?
Inutiles projets! etc.

⁂

SCÈNE II.

LES MÊMES, ÉRIC.

BERTHA, se dégageant des bras de Nathaniel et courant au-devant du prince.
Ah! Monseigneur, Monseigneur, venez à mon aide!
ÉRIC.
Qu'y a-t-il?
BERTHA, avec embarras.
Il y a que je ne peux... que je ne sais comment lui dire... qu'il est mon mari... sans que je sois sa femme.
NATHANIEL.
Eh bien! par exemple!
BERTHA, au prince.
Arrangez ça vous-même... c'est trop difficile, et j'y renonce...
NATHANIEL.
Vous voyez donc bien que vous me trompiez.

ÉRIC.
Non, non... rassure-toi... Je me charge de la justifier...

BERTHA, à Nathaniel.
Tu vois bien...

ÉRIC.
Tu sauras tout... Je te le promets...

BERTHA.
Tu vois bien...

ÉRIC.
Et si j'échappe au danger qui me menace, je m'acquitterai envers vous... je vous marierai cette fois, et réellement...

NATHANIEL.
Ça me semble impossible!

ÉRIC.
Je placerai ta femme près de la mienne... et toi, tu ne me quitteras pas, tu seras mon intendant, mon secrétaire.

NATHANIEL, bas, à Bertha.
Moi, qui ne sais pas lire!..

BERTHA, de même.
C'est égal, on accepte toujours: je lirai pour toi.

ÉRIC, à Bertha.
Toi, Bertha, mon oncle veut te voir, te parler...

BERTHA.
Ah! mon Dieu!

ÉRIC.
Et, quoiqu'il soit au plus mal, à ce que chacun dit, t'interroger lui-même.

BERTHA, à Nathaniel.
Voilà la peur qui me prend... Que vais-je lui dire?

NATHANIEL.
Si c'est à moi que tu le demandes...

ÉRIC.
Réponds tout simplement que tu ne comprends rien aux méprises de mon gouverneur, que tu n'es mariée ni à moi, ni à personne.

BERTHA.
C'est la vérité!..

NATHANIEL.
Alors, décidément nous ne le sommes donc pas?

ÉRIC, avec impatience.
Eh non!

NATHANIEL, avec impatience.
Voilà ce que je veux qu'on m'explique.

ÉRIC.
Et c'est ce que je vais faire... (On sonne à gauche.) Écoutez... (A Bertha.) C'est mon oncle qui te demande... Allons, allons, du courage!

BERTHA.
Je tâcherai... Vous, pendant ce temps, vous allez tout dire à Nathaniel.

ÉRIC.
Je te le promets.

(Bertha entre dans l'appartement à gauche.)

SCÈNE III.
NATHANIEL, ÉRIC, puis JOB.

NATHANIEL.
Eh bien! Monseigneur... vous disiez donc?..

ÉRIC.
Tu jures d'être discret?

NATHANIEL.
Comme une statue!.. On me briserait en morceaux qu'on n'en saurait pas davantage... Une fois que je tiens un secret, je le tiens bien!.. mais il faut le tenir.

ÉRIC.
Eh bien, mon garçon, apprends donc... (Regardant autour de lui et apercevant Job qui se glisse avec précaution derrière eux.) Prends garde!..

NATHANIEL.
Qu'y a-t-il?

ÉRIC.
Nous ne sommes pas seuls, on nous écoute... (A Job.) Que fais-tu là?

JOB.
Je me promène.... je prends l'air... Monseigneur le gouverneur m'a pris à son service.

ÉRIC, avec ironie.
Pour ne rien faire.

JOB.
Oui, vraiment... Il m'a même présenté à Monseigneur votre oncle, qui veut aussi m'employer en cette qualité là... Par ainsi, ne vous gênez pas, ne faites pas attention à moi.

ÉRIC, bas, à Nathaniel.
C'est un espion, de la prudence!..

NATHANIEL.
J'aurais pourtant voulu savoir...

ÉRIC, de même.
Je ne puis devant lui t'expliquer... (Tirant une lettre de sa poche.) Mais, tiens, voici une lettre d'elle... d'elle... tu entends... qui en peu de mots te mettra au fait de tout... Lis vite, dépêche-toi.

(Il lui donne la lettre, s'éloigne de lui et se rapproche de Job.)

NATHANIEL, tenant la lettre et la retournant dans tous les sens.
Que je me dépêche ou non... le temps ne fait rien à l'affaire... D'un autre côté, lui avouer que je ne sais pas lire... Bertha dit qu'il ne faut pas... à cause de la place de secrétaire... Si je pouvais seulement deviner à la physionomie...

JOB, à part, le regardant.
C'est une lettre qu'il lui a remise... une lettre qui le met au fait de tout.

ÉRIC, revenant vers Nathaniel.
Eh bien, tu vois clairement que cette pauvre Bertha est innocente.

NATHANIEL, avec embarras.
Oui, oui... Monseigneur.

ÉRIC, à voix basse.
C'est à son dévouement que nous devons notre salut, et toi ta fortune.

NATHANIEL, vivement.
Ah! oui, ma fortune... J'ai vu cela... c'est là... c'est écrit.

ÉRIC, lui reprenant sa lettre.
Silence! on vient...

SCÈNE IV.

LES MÊMES, ŒGIDIUS, sortant de l'appartement à gauche d'un air sombre et rêveur.

ŒGIDIUS, à Nathaniel.

Sortez ! (A Éric.) Vous, Monseigneur, Son Altesse notre auguste maître désire vous parler...

ÉRIC.

A moi !

ŒGIDIUS.

A vous-même.

ÉRIC, à part.

A moi aussi !.. Allons, mon sort va se décider !

(Il entre dans l'appartement à gauche, Nathaniel s'éloigne par le fond.)

ŒGIDIUS.

Enfin, me voilà seul et je puis réfléchir.

JOB, s'avançant près de lui mystérieusement.

Monsieur !..

ŒGIDIUS.

Encore celui-là !

JOB, mystérieusement.

J'ai des nouvelles !

ŒGIDIUS, avec colère.

Qui est-ce qui te les demande ?

JOB, de même.

Je sais quelque chose.

ŒGIDIUS, avec colère.

Je n'en ai pas besoin, j'en sais trop.

JOB.

Vous savez que l'enfant n'est pas de Nathaniel...

ŒGIDIUS, vivement.

Tais-toi !

JOB.

Il est d'un autre !

ŒGIDIUS, de même.

Tais-toi !

JOB.

Et tout à l'heure encore, ici... j'ai tout découvert.

ŒGIDIUS.

Alors, malheureux, si tu en dis un mot...

JOB.

Vous me payez pour parler.

ŒGIDIUS.

Je te paierai pour te taire, et si tu ouvres la bouche...

JOB.

C'est convenu.

ŒGIDIUS.

Dis à ma femme de venir me parler... Je l'attends ici, dans ce salon.

JOB.

Oui, Monseigneur, et pour le reste ?

ŒGIDIUS.

Va-t'en au diable !

JOB.

Quand vous voudrez, je suis à vos ordres.

(Il sort.)

SCÈNE V.

ŒGIDIUS, seul.

Quelle situation, grand Dieu !.. et quelle fureur dans un homme qui s'en va !.. car il n'a plus de force que pour se mettre en colère... c'est cela qui le soutient... Et quand il m'a dit avec un air dur et froid comme le fer d'une hache... « Eh bien ! docteur, quelle est cette femme que mon neveu a épousée... quel est cet héritier de son nom ?.. Vous devez les connaître : » j'ai cru que j'allais faire tomber toute sa colère d'un seul mot... j'ai cru même qu'il allait me faire l'honneur de rire à mes dépens, quand je lui ai dit : « Il n'y a ni mariage, ni héritier à craindre, Monseigneur ; car cette femme, c'est la mienne !.. » Mais au contraire, il a froncé le sourcil, en disant : « Vous me trompez ! » Et moi de lui attester que j'étais... « Ça n'est pas vrai ! et rien ne peut vous soustraire au supplice, à moins que vous ne me donniez des preuves évidentes et certaines que vous ne vous vantez pas... et que réellement vous... » Il n'y a pas d'exemple d'un despotisme pareil... lui prouver sous peine de mort, que... (Regardant la portière à gauche.) La tapisserie a remuée, Monseigneur m'a dit qu'il serait là... qu'il écouterait, et il y est. Allons, et puisqu'il faut sauver ma tête aux dépens de... du courage, de l'adresse, et tâchons d'en venir à mon honneur !.. Ma femme !

SCÈNE VI.

ŒGIDIUS, DOROTHÉE.

DOROTHÉE.

On vient de me dire que vous me demandiez, et je me rends aux ordres de mon seigneur et maître.

ŒGIDIUS, à part, avec colère.

Ah ! traîtresse !

DOROTHÉE, étonnée.

Qu'avez-vous ?

ŒGIDIUS, à part.

Calmons-nous, ou je ne saurais rien. (Haut.) Ce que j'ai, Madame, ce que j'ai ?.. Ne vous en doutez-vous pas ? Ne savez-vous pas comme moi que l'on vous aime ?

DOROTHÉE, à part.

O ciel ! qui donc lui a parlé d'Albert ?

ŒGIDIUS.

Et si je pouvais en douter encore, votre trouble me le dirait...

DOROTHÉE.

Et pourquoi le nier, Monseigneur ?

ŒGIDIUS, se tournant vers la tapisserie.
Elle en convient!
DOROTHÉE.
Je ne puis empêcher que l'on m'aime ; mais ce n'est pas une raison pour que je réponde à cet amour!
ŒGIDIUS, avec effroi.
Grand Dieu! (Haut.) Prenez garde à ce que vous dites! c'est très sérieux!..
DOROTHÉE.
C'est la vérité, je le jure!
ŒGIDIUS.
Voyez-vous, chère amie, je ne suis pas de ces époux dont la jalousie absurde ne pardonne rien à la jeunesse et à l'étourderie, et quels que soient vos torts...
DOROTHÉE.
Pas un seul de réel.
ŒGIDIUS.
Raison de plus, mon indulgence peut tout excuser...
DOROTHÉE.
Est-il possible?..
ŒGIDIUS.
A une seule condition, celle d'une entière franchise.
DOROTHÉE.
Quoi! vous voulez?
ŒGIDIUS.
Je veux tout savoir! (A part.) Et je ne suis pas le seul... Dieu! quelle situation!.. Et il est là, et il écoute... (Haut.) Eh bien! Madame?
DOROTHÉE.
Eh bien? Monseigneur.

PREMIER COUPLET.

Dans un bal dont j'étais la reine,
Un jeune homme avec moi dansa,
Sa main osa presser la mienne.

ŒGIDIUS.
Votre main!..
DOROTHÉE.
Rien de plus!
ŒGIDIUS, avec inquiétude.
Rien de plus!
DOROTHÉE.
Rien de plus ce jour-là.

DEUXIÈME COUPLET.

A chaque bal, j'étais sa dame,
En valsant, un jour il osa
Me parler de sa vive flamme.

ŒGIDIUS.
Une déclaration!..
DOROTHÉE.
Rien de plus!
ŒGIDIUS.
Rien de plus?

DOROTHÉE.
Rien de plus ce jour-là.

TROISIÈME COUPLET.

Un jour, enfin, plus imprudente,
Parmi des fleurs, sa main glissa
Une lettre ardente et brûlante.

ŒGIDIUS.
Une lettre!..
DOROTHÉE.
Rien de plus!
ŒGIDIUS.
Rien de plus?
DOROTHÉE.
Rien de plus ce jour-là.

ŒGIDIUS, à part.
Mon Dieu! mon Dieu! (Haut.) Madame, ce n'est pas tout, sans doute... parlez, car, enfin, cette lettre... achevez...
DOROTHÉE.
Je vous ai tout dit... et, si vous en doutez, je peux vous montrer la lettre d'Albert.
ŒGIDIUS.
D'Albert!
DOROTHÉE.
Eh! oui, vraiment, le comte Albert, ce jeune étudiant de Gottingue.
ŒGIDIUS.
Grand Dieu! Et le prince?..
DOROTHÉE, avec indignation.
Quelle idée!.. Rassurez-vous, Monsieur, rassurez-vous!
ŒGIDIUS.
Quoi! le prince Éric... le neveu de Monseigneur?..
DOROTHÉE, élevant la voix.
Jamais, je vous le jure... jamais!
ŒGIDIUS.
Voulez-vous bien vous taire!
DOROTHÉE.
Et, devant vous, devant le prince lui-même, je suis prête à attester...
ŒGIDIUS.
Je suis perdu!..

SCÈNE VII.

LES MÊMES, RIBEMBERG.

RIBEMBERG.
Monseigneur me charge de vous dire que vous n'avez plus qu'un quart d'heure...
ŒGIDIUS.
Il a entendu!
DOROTHÉE.
Quoi donc?..
ŒGIDIUS.
Laissez-nous, Madame... je vous en supplie... laissez-nous!

(Dorothée sort.)

RIBEMBERG.
Un quart d'heure pour découvrir et lui apprendre la vérité... Passé ce délai, point de

grâce... et le prince qui refuse de rien avouer... le prince et vous...

ŒGIDIUS.

Comment!.. Ah! mon Dieu!

(Ribemberg sort.)

SCÈNE VIII.
ŒGIDIUS, seul.

Pendu! moi, le docteur Œgidius... parce que je ne sais pas trahi... Est-ce que c'est ma faute?.. Et un quart d'heure... rien qu'un quart d'heure pour découvrir quelle est la femme du prince... sa femme véritable!.. Ce n'est plus la mienne... Ce n'est pas Bertha, puisque je l'ai mariée à Nathaniel... qui soutient, il est vrai, ne pas l'avoir épousée... tandis qu'elle, au contraire... C'est un chaos de mariages auquel le diable, qui les fait tous... le diable lui-même ne se reconnaîtrait pas... Ah! Job! mon ami... mon sauveur!

SCÈNE IX.
ŒGIDIUS, JOB.

JOB.

Qu'y a-t-il, Monseigneur?

ŒGIDIUS.

Ne m'as-tu pas dit tout à l'heure que tu savais tout?..

JOB.

Ah bien! oui... quelques mots...

ŒGIDIUS.

Tu ne sais donc rien?..

JOB.

Si, vraiment!

ŒGIDIUS.

Parle, alors, parle, je t'en prie.

JOB.

Laissez donc! Je ne suis pas une bête : vous m'avez défendu de parler!

ŒGIDIUS.

Je te le permets.

JOB.

C'est pour m'éprouver...

ŒGIDIUS.

Je te l'ordonne.

JOB.

Vous m'avez dit que vous me tueriez, si je disais un mot...

ŒGIDIUS, avec colère.

Et je te tuerai, si tu ne parles pas.

JOB.

Alors, arrangez-vous: auquel des deux dangers faut-il obéir?

ŒGIDIUS, avec colère.

Au plus pressé... car, si tu tardes à me répondre, vois-tu bien?..

(Il le prend à la gorge.)

JOB.

C'est différent... Mais vous conviendrez, vous-même, que ça méritait explication... Vous me demandez donc, maintenant?..

ŒGIDIUS.

Ce que tu as découvert... ce que tu sais...

JOB, mystérieusement.

Eh bien! Monseigneur... je ne sais rien...

ŒGIDIUS, furieux.

Malheureux!

JOB.

Mais je connais... j'ai découvert celui qui sait tout...

ŒGIDIUS.

Quel est-il?

JOB.

C'est Nathaniel!

ŒGIDIUS, étonné.

Nathaniel!

JOB.

Tout à l'heure, ici, devant moi, le prince lui a remis un papier en lui disant: « Tiens, voici une lettre d'elle qui te mettra au fait de tout... »

ŒGIDIUS.

C'est ce que je demande! pas autre chose!..

JOB.

Nathaniel a lu la lettre bien attentivement et l'a rendue au prince en lui disant: « Je vois... je comprends... tout est là... c'est écrit... » Donc, Nathaniel sait tout!..

ŒGIDIUS, avec joie.

Donc... nous sommes sur la trace! (Il s'essuie le front.) enfin, et non sans peine! (Regardant l'horloge.) Mais les moments sont précieux... plus précieux que tu ne crois... Va me chercher Nathaniel... amène-le-moi ici... mort ou vif!.. Il y va de ta tête... et de bien plus encore...

JOB, étonné.

De quoi donc?

ŒGIDIUS.

De la mienne!.. Cela doit te suffire!..

JOB.

L'autre suffisait... et j'y cours!

(Il sort par la droite.)

SCÈNE X.

(Mouvement de marche. On voit paraître ÉRIC conduit par RIBEMBERG, et entouré de soldats.)

ŒGIDIUS.

Grand Dieu! déjà le prince que l'on conduit au supplice... et moi que l'on vient chercher...

RIBEMBERG, à Œgidius.

Vous n'avez plus que cinq minutes.

ŒGIDIUS.

Vous avancez! (A Éric.) Eh bien! Monseigneur, vous refusez donc de parler... C'est fait de nous!

ÉRIC.

Rassurez-vous... le tyran n'a plus que quelques instants à vivre... Sa mort suivra de près la nôtre...

ŒGIDIUS.

La belle avance!

ÉRIC.

Oui, sans doute... car, après moi, ma femme et mon fils règneront...

ŒGIDIUS.
Mais, moi, votre gouverneur, que d'un seul
mot vous pouvez sauver...
ÉRIC.
Je ne puis rien, Monseigneur... que mourir
avec vous !
ŒGIDIUS.
Ah ! c'est d'une ingratitude... d'un égoïsme...
Mais tremblez !.. ce secret, je le saurai malgré
vous... car j'aperçois Nathaniel, qui le con-
naît...
ÉRIC.
O ciel !..
ŒGIDIUS.
Voilà qui vous déconcerte !
JOB, entrant, à Œgidius.
Le voici, Monseigneur... le voici !
ŒGIDIUS.
Cours vite chez Monseigneur... Qu'il suspende
l'arrêt... car, dans l'instant, il va tout savoir...
(Job sort.)

SCÈNE XI.

Les Mêmes, DOROTHÉE, NATHANIEL, Seigneurs et Dames de la cour.

(Dorothée court à Œgidius, qui la repousse.)

FINAL.
ŒGIDIUS, à Nathaniel.
Écoute ici ! ta fortune est certaine !
Hier, je t'ai voulu faire épouser Bertha.
NATHANIEL.
Oui, c'était votre idée et c'était bien la mienne ;
Mais, c'est encore à faire !
ŒGIDIUS.
Et cela se fera.
NATHANIEL.
Dieu sait quand !
ŒGIDIUS.
A l'instant ! L'effet suit mes paroles.
(Tirant une bourse.)
Et voici, pour ta dot, d'abord ces cent pistoles.
NATHANIEL.
Pour moi !
ŒGIDIUS.
Pour toi, si tu le veux ?
NATHANIEL.
Ah ! je ne demande pas mieux !
ÉRIC, à part, avec effroi.
Quoi ! nous trahir ainsi, le perfide ! l'infâme !
ŒGIDIUS, à Nathaniel.
Dis-nous alors...
NATHANIEL.
Je n'ai rien à vous refuser...
ŒGIDIUS.
Le nom... car tu le sais... le nom seul de la femme
Que Monseigneur vient d'épouser.
NATHANIEL, avec embarras.
Son nom ?

TOUS.
Son nom ?
NATHANIEL.
Son nom ! Ah ! je vous le dirais,
Si je le savais !
Par malheur, hélas !
Je ne le sais pas !
ÉRIC, à part.
Grâce au ciel ! je respire.
(Bas, à Nathaniel.)
Bien ! bien ! c'est ainsi qu'il faut dire !
NATHANIEL, haut.
Je dis la vérité ! car, par malheur, hélas !
Je ne le sais pas !

ENSEMBLE.

ÉRIC.
Dévouement héroïque !
Son habile tactique,
De ce grand politique
Redouble l'embarras.
Lui qui jura ma perte,
Cela le déconcerte ;
A cette découverte
Il n'arrivera pas !

ŒGIDIUS.
L'affaire se complique ;
Serait-il véridique ?
Veut-il me perdre, hélas !
Ah ! tout me déconcerte.
On a juré ma perte !
A cette découverte
Je n'arriverai pas.

NATHANIEL.
L'aventure est unique,
Et pour moi se complique ;
Car je suis véridique,
Et l'on ne me croit pas.
Oui, tout me déconcerte ;
D'une fortune offerte,
Je déplore la perte.
Grand Dieu ! quel embarras !

DOROTHÉE, RISENBERG, LE CHŒUR.
Dévouement héroïque !
Son habile tactique,
De ce grand politique
Redouble l'embarras.
D'une fortune offerte,
Il méprise la perte ;
Rien ne le déconcerte,
Il ne parlera pas !

ŒGIDIUS, se rapprochant de Nathaniel et lui donnant un portefeuille.
Si ce n'est pas assez, si tu veux plus encor,
Voici deux cents écus en bons sur le trésor !
NATHANIEL, avidement.
Pour moi ?
ŒGIDIUS.
Pour toi !.. De plus, j'ai cette métairie,
Cette ferme si riche, à deux milles d'ici !..
Je te la donne...

NATHANIEL.
A moi ?.. Comment ! la ferme aussi ?
ŒGIDIUS.
Mais, dis ce que tu sais ; parle, je t'en supplie !
NATHANIEL, d'une main tenant le portefeuille, et de
l'autre la bourse.
Et les deux cents écus !
ŒGIDIUS, à part, avec joie et le regardant.
Je le vois... je l'emporte...
ÉRIC, à part.
Ah ! la tentation pour son cœur est trop forte !
ŒGIDIUS.
Eh bien ! donc, ce secret ?..
DOROTHÉE.
Ami, tu parleras !
Tu les sauveras du trépas !
NATHANIEL, avec embarras.
Ce secret ?..
ÉRIC, à part.
Ah ! de nous c'en est fait.
TOUS, à Nathaniel.
Ce secret !
NATHANIEL.
Ce secret !...
Ah ! je vous le dirais,
Si le savais.
(Rendant à Œgidius la bourse et le portefeuille.)
Par malheur, hélas !
Je ne le sais pas !

ENSEMBLE.

ÉRIC.
Dévouement héroïque !
Son habile tactique, etc.

ŒGIDIUS.
L'affaire se complique ;
Serait-il véridique, etc.

NATHANIEL.
L'aventure est unique
Et pour moi se complique ;
Je suis très véridique, etc.

CHŒUR.

Dévouement héroïque !
De se taire il se pique !
Et par cette tactique,
Double notre embarras, etc.

AIXENNE, à Œgidius.
Voici l'heure !
ŒGIDIUS, tressaillant.
Ah ! grand Dieu !
(Avec colère, s'adressant à Nathaniel.)
Sur ce fatal mystère,
Si tu persistes à te taire,
Tu causeras ma mort !
NATHANIEL.
Qui ? moi ?

AIXENNE et DOROTHÉE.
Sans doute.
ŒGIDIUS.
Eh bien !
Ton châtiment, du moins, précédera le mien.
Dans ces lieux encor je commande !
(S'adressant aux soldats qui sont au fond du théâtre.)
J'ordonne donc qu'à l'instant on le pende !
NATHANIEL, tremblant.
Juste ciel !
ŒGIDIUS, aux soldats.
A l'instant !
NATHANIEL.
Pour moi, grâce et pardon !
ŒGIDIUS, avec force.
Qu'on le pende !
NATHANIEL, vivement.
Non pas !
ŒGIDIUS, lui prenant le bras avec violence.
Mais, alors, parle donc !
DOROTHÉE et AIXENNE.
Dis-nous donc ce secret !
NATHANIEL.
Ah ! je le dirais,
Si je le savais !
Par malheur, hélas !
Je ne le sais pas !
DOROTHÉE.
Tu parleras, tu parleras,
Tu les sauveras du trépas !
NATHANIEL.
Je ne peux pas !
TOUS.
Tu parleras !
NATHANIEL, avec colère.
Non, non, je ne parlerai pas !
ÉRIC.
Ah ! c'est trop héroïque ! ah ! c'est trop beau vrai-
(ment !
Comment payer jamais un pareil dévouement ?
ŒGIDIUS, faisant signe aux soldats d'entraîner
Nathaniel.
A la mort ! à la mort !
AIXENNE, faisant signe aux gens de justice d'entraîner
Œgidius et Éric.
A la mort ! à la mort !
ÉRIC.
Ah ! c'en est trop !.. et je ne puis souffrir...
Apprenez donc...

SCÈNE XII.

LES MÊMES, JOB, sortant aux cris de mort de la
chambre à gauche, et marchant sur la pointe du
pied.

JOB.
Silence !.. Il ne veut pas qu'on le sache !.. Silence

— 30 —

TOUS.
Qu'est-ce ?
JOB.
Un secret !
ŒGIDIUS.
Encor !
JOB.
D'une grande importance !
Il a dit devant nous : « Pendant un mois encor,
Je veux que la nouvelle en soit ici cachée. »
TOUS.
Quelle nouvelle ?

―――――――――――――――

SCÈNE XIII.

LES MÊMES, BERTHA, sortant de l'appartement de gauche.)

BERTHA, pleurant.
Ah ! ah ! ah ! que j'en suis fâchée...
Pauvre homme !... J'étais là, près du lit, à genoux !..
Voici ses derniers mots : « Il faut les pendre tous !..

DOROTHÉE, BIBEMBERG, ÉRIC, ŒGIDIUS.
O ciel ! il est donc mort ?
JOB.
Silence !
Il ne veut pas qu'on le sache !
Il est mort !
BIBEMBERG.
Mort !
DOROTHÉE.
Mort !
ŒGIDIUS.
Je n'ose y croire encor !

ŒGIDIUS, BIBEMBERG, LES HOMMES D'ARMES ET LE PEUPLE,
se découvrent et s'inclinant devant Éric.
Honneur à notre maître,
A notre vrai seigneur !
Avec lui vont renaître
La paix et le bonheur !
ÉRIC.
Merci ! mes chers amis, que mon règne commence
Par le pardon et la clémence.
(Regardant Œgidius, Bibemberg et les soldats qui
allaient le traîner au supplice.)
Grâce pour tous !
(Se tournant vers Nathaniel.)
Et toi, mon fidèle sujet,
Je t'unis à Bertha, qui comme toi savait
Et gardait notre secret.
NATHANIEL, bas, à Bertha.
Tu le savais !
BERTHA.
Et pourquoi pas ?
NATHANIEL.
Tu le savais...
BERTHA.
Sans doute !
NATHANIEL, vivement.
Ah ! tu me le diras.

CHOEUR.
Honneur à notre maître,
A notre vrai seigneur !
Avec lui vont renaître
La paix et le bonheur !

FIN.

NOTA. La mise en scène exacte de cet ouvrage, transcrite par M. L. PALIANTI, fait partie de la collection des mises en scène publiées par le journal *la Revue et Gazette des Théâtres*, rue Sainte-Anne, 55.

Imprimerie de Mme Dr Lacombe, rue d'Enghien, n. 12

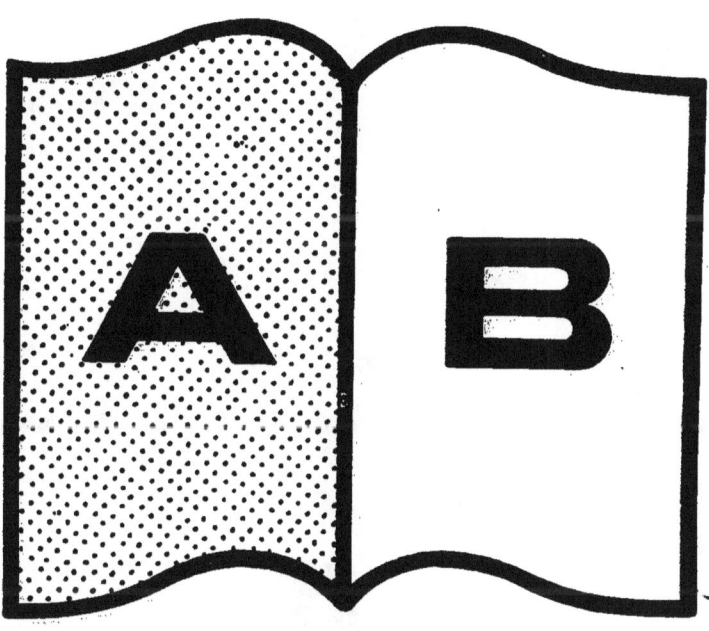

Contraste insuffisant
NF Z 43-120-14

www.ingramcontent.com/pod-product-compliance
Lightning Source LLC
Chambersburg PA
CBHW060718050426
42451CB00010B/1505